when stress knocks
on your door
Stress Management and
Resiliency Training Program

当压力来敲门

哈佛大学SMART压力管理本土化指导手册

王芳 著

华夏出版社
HUAXIA PUBLISHING HOUSE

图书在版编目（CIP）数据

当压力来敲门：哈佛大学 SMART 压力管理本土化指导手册 / 王芳著 . -- 北京：华夏出版社，2020.1（2024.7 重印）

ISBN 978-7-5080-9779-4

Ⅰ．①当… Ⅱ．①王… Ⅲ．①压抑（心理学）－自我控制 Ⅳ．① B842.6

中国版本图书馆 CIP 数据核字 (2019) 第 119102 号

当压力来敲门：哈佛大学 SMART 压力管理本土化指导手册

作　　者	王　芳
责任编辑	裘挹红　任志远
出版发行	华夏出版社有限公司
经　　销	新华书店
印　　刷	三河市少明印务有限公司
装　　订	三河市少明印务有限公司
版　　次	2020 年 1 月北京第 1 版 2024 年 7 月北京第 3 次印刷
开　　本	720mm×1030mm　1/16
印　　张	14.5
字　　数	170 千字
定　　价	59.00 元

华夏出版社有限公司　地址：北京市东直门外香河园北里 4 号　邮编：100028　网址：www.hxph.com.cn
若发现本版图书有印装质量问题，请与我社营销中心联系调换。　　　　　　　　　　电话：（010）64618981

—前言—

  博大精深的中华传统文化根植于我们的内心,当我撰写这篇探讨压力科学的文章时,脑子里首先冒出宋代文学家苏轼的《题西林壁》:"横看成岭侧成峰,远近高低各不同。不识庐山真面目,只缘身在此山中。"这首宋代哲理诗之所以流传至今,不仅仅是因为其文学方面的成就,还在于这首诗启发人们从不同角度去辩证思考。诗中说,从正面看庐山,山岭连绵起伏;从侧面看庐山,山峰耸立;从远处、近处、高处、低处看庐山,庐山呈现出各种不同的样子。人们观察事物的立足点、立场不同,就会得到不同的结论。人们只有摆脱了主客观的局限,置身庐山之外,高瞻远瞩,才能真正看清庐山的真面目。因此,要认清事物的本质,就必须从各个角度去观察,既要客观,又要全面。研究21世纪挑战人们健康的疾病和了解科学的压力管理和心身医学的发展也是如此。

  随着科学和医学的不断发展,人们已经认识到,持续存在的压力相关激素(主要是皮质醇和儿茶酚胺)可能是当今世界影响人们健康的主要问题或"流行病"的重要原因。这种"流行病"就是代谢综合征，即：高血压、高胆固醇血症、胰岛素受体功能不良以及向心性肥胖，它们都与压力有着密切的关系，而这些问题可以共同发展成冠心病以及其他动脉粥样硬化性疾病和 2 型糖尿病。这种在 21 世纪挑战人们健康的疾病，也叫作压力相关的非传染性疾病，包括心脏疾病、慢性肺疾病、糖尿病、关节炎、癌症以及神经精神问题。

代谢综合征是高收入和低收入人群的共有特色病，是主要的非传染性疾病的前兆。代谢综合征和非传染性疾病都可以由高压力反应所引起，这就是为什么我们需要了解更多压力的知识以及如何进行压力管理。

医学科学在药物和手术方面已经取得了卓越的进步和发展，很多以前不可治的疾病现在都能够治愈。但这些发展多数都集中在人体不同部位上，对于人体不同部位之间如何相互影响、协同作用的关注一直都很少，尤其对于心理和身体之间如何相互影响、相互作用——无论是积极的还是消极的——都知之甚少。而今，科学家们把心理和身体看作一个复杂的整体，同时越来越关注这个整体以及与它外部世界的相互作用和影响，这正是心身医学（Mind Body Medicine）所涉及的领域。

美国的国家辅助和替代治疗医学中心（NCCAM）将心身医学定义为关注大脑、心理、躯体和行为的相互作用，以及情绪、精神、社会、心灵和行为因素以一种强有力的方式直接影响健康的医学。心身医学的核心是采取一些方法来尊重并且提高每个人的自我认识以及自我保健能力。近年来，国际上发表的越来越多的综述包括系统评价和 meta 分析，总结了关于心身疗法的随机对照或者对照研究结果，为这些方法对众多的慢性疾病以及精神心理相关疾病的治疗作用提供了重要支持。我们对压力反应的经验是，作为一个复杂的整体，心身在与外部世界的相互作用中是一个重要的组成部分，而如何减压，也同样离不开心身之间的相互作用和影响。比如，大家能体会到，简单的跑步会改善心情。那么，除了跑步，还有没有其他方法或者更好的方法可供选择呢？答案是肯定的。这就得益于目前国际上越来越被人们所关注的一门学科——心身医学的发展。与以前大家认识并了解的心身医学（Psychosomatic Medicine）研究心身疾病不同的是，目前心身医学的发展更侧重于研究心身疗法的作用，而心身疗法通常也被认为是最有效和最安全的缓解压力的方式之一。

减压是健康管理的重要内容，因此心身医学也成为健康管理的重要组成部分。正如哈佛大学医学院麻省总医院的赫伯特·本森（Herbert Benson）教授所形容的，如果将健康管理比作一个三条腿的凳子，其中一条腿是手术，另一条腿是药物，那么第三条腿就是自我保健。心身医学在自我保健领域中起着举足轻重的作用，用来促进和维持健康，改善生活质量。

近年来，越来越多的科学研究结果表明，使用一些特定的训练方法如心身疗法，可以从基因和脑科学方面对压力以及压力相关疾病产生积极的影响。这些方法中很多都易学易练，通过一段时间的规律练习和合理使用，完全可以有效缓解压力、促进健康、预防压力相关疾病。

心身疗法成为压力管理干预方案的重要组成部分，其中具有代表性的是由赫伯特·本森教授创立的哈佛大学医学院麻省总医院本森亨利心身医学研究所研制的压力管理、心身增弹训练方案（Stress Management and Resiliency Training Program, SMART），麻省大学医学中心附属减压门诊乔·卡巴金（Jon Kabat-Zinn）博士所创立的正念减压疗法（Mindfulness-Based Stress Reduction, MBSR），以及牛津大学马克·威廉姆斯（Mark Williams）教授等人共同开发的正念认知疗法（Mindfulness-Based Cognitive Therapy, MBCT）等。

其中SMART方案是一套针对压力、情绪进行管理的干预方法，旨在提高人类压力应对能力，更好地调节情绪，从而增加心身弹性，保持心身健康。SMART方案从心理学和生理学角度出发，对人类在应对压力尤其是慢性压力时出现的一系列心理和生理反应做出相应的训练和调整，进而降低这些心理和生理反应对人类组织器官功能造成的损耗。SMART方案对压力、情绪以及压力相关疾病的积极作用已经得到了广泛证实，其中包括处于科研前沿的表观遗传学以及脑科学等方面的研究。根据目标人群和疾病的不同，SMART方案又发展出若干子方案，如针对学生群体的从教育出发方案（Education Initiated），也叫弹性学生方案（Resiliency Student）；针对老年人的健康老龄化方案（Healthy Aging）；针对女性的弹性女性方案（Resiliency Women），以及针对癌症、高血压、肠应激综合征、抑郁症的辅助干预方案等。该套方法已成功运用于谷歌和Facebook等大型公司管理人员群体、哈佛大学与麻省理工学院等世界知名高校学生群体、麻省总医院与麦克莱恩医院等医院医护人员群体以及波士顿红袜橄榄球队等多次夺得联赛冠军的职业运动员群体身上。

通过在麻省总医院本森亨利心身医学研究所进行博士后的工作和学习，我完成了SMART方案的培训师培训，成为该方案形成和发展40余年来第一位获得培训师资格的华人。在美国留学期间，我在当地唐人街为美籍华人进行干预治疗，通过严谨的科学研究，初步证实SMART方案对华人群体中抑郁症患者的抑郁情绪有一定的改善作用。在实践过程中，我发现了一些问题，这些问题主要是由东西方文化差异造成的。因此，我根据自身中医心理学和睡眠医学的专业背景知识，以及十余年治疗失眠、抑郁症、焦虑症、恐惧症、嗜睡、强迫症等心理和睡眠相关疾病的临床经验，对SMART进行了本土化的优化，编制出适合中国人的弹性生活方案（RL-C），其中包括压力管理方案（SMART-C）和情绪管理方案（EM-C），并且制定了针对失眠患者的健康睡眠方案（HS-C，也叫睡眠管理方案，SM-C），以及弹性学生方案（RS-C）和压力情绪管理应用于教育方案等。经实践检验，这些方案均取得了较好的效果，深受欢迎。

心身医学和心身疗法的发展以及科学研究对压力管理领域的关注，使得科学减压成为每个人都可以了解、学习并且掌握的内容。本书以SMART-C为基础，从"压力下到底发生了什么"以及"怎么办"两个问题出发，系统介绍压力的科学知识和压力管理的技术方法，旨在为人们提供系统、科学、有效、实用的自我调节方法，进而提高人们的整体健康水平，改善生活质量。

经常有患者（我是内科医生的身份）或者来访者（我是心理医生的身份）见到我的第一面是这样开始谈话的："我失业了，如果您能帮我找到一份新工作，我的压力就没有了。"

当然，我不可能帮他找到一份新工作。从这方面来看，"减压"这个词并不是很合适，因为压力源（即造成压力的事件）是客观存在的，我的工作是让他学会应对压力的科学方法，提高他应对压力的能力，也就是弹性，而不是直接去除或者改变压力源。这个弹性包括生理弹性和心理弹性，因为压力反应是一个典型的心身反应。我更喜欢用压力管理来描述自己的工作。就好比要去除冰山，用斧凿敲打冰山是一个办法，升高水温是另一个办法。压力是冰山，提高心身弹性就如同升高水温。人们可能因为焦虑、抑郁、失眠或者其他原因来找我,学习过压力管理后,或多或少都会受益。我教给他们系统的整体调节方法,他们开始发现并关注生活中的美好,一切都在悄悄地发生着改变,最终让人生活得更美好。自从掌握了这套方法,他们最初的问题变成了不值一提的小问题,每个人都变成向着美好阳光绽放的向日葵,生机勃勃。于是,我给这些跟我学习的朋友取了一个好听的名字——向日葵。其中一位朋友说,感觉自己像回到了小时候,每天生活得无忧无虑,并不是因为生活中遇到的问题少了,而是面对问题时的态度不同了,处理问题有了实用的方法。向日葵们不仅自己产生了巨大的改变,还不由自主地将这些正能量传递给身边的人,同样也影响着我。每位找到我的新朋友,我都会对他说这样一句话:"我是一面镜子,接下来你会通过我越来越了解你自己的样子。我能够一路陪伴你们,见证你们走向更好的自己,荣幸之至,谢谢!"

大脑是我们对压力事件做出反应的核心部位,而学习压力管理的核心就是掌握训练大脑的方法,压力管理对大脑的训练如同运动对肌肉的训练一样,在SMART方案中就包含了各种训练大脑的技术方法,如放松反应训练。可以说,压力管理和我们每个人每天的生活都密切相关。具体来说,本书中介绍的压力管理方法的目标人群主要包括以下几类:

1.医务工作者,心理学、心身疗法相关从业者,以及对压力管理感兴趣、希望通过学习了解相关压力管理知识的人;

2.在生活、工作和学习中感受到压力的人群,未能系统有效应对压力的人群,未能系统有效调整负性情绪的人群;

3.心理疾病以及睡眠障碍(抑郁症、焦虑症、失眠、强迫症、恐惧症、惊恐发作、嗜睡等)患者;

4. 与心理因素关系密切的躯体疾病（比如高血压、2型糖尿病、肿瘤、肠应激综合征等）患者；

5. 亚健康状态人群，除心理状态不好外，还包括多种躯体不适，尚达不到疾病诊断标准，尤其在一段时间内出现下述六种表现时：

（1）躯体不适：头痛、失眠、胃痛、胃胀、头晕、疲劳、脱发等；

（2）行为改变：吸烟、酗酒、暴饮暴食、食欲减退等；

（3）负性情绪：情绪低落、烦躁、焦虑、气愤、悲伤等；

（4）认知改变：缺乏决断力、思维不清、记忆力及注意力减退等；

（5）关系改变：喜欢独处、与人疏远隔离、交往退缩、人际关系不良等；

（6）精神（心灵层面）改变：生活空虚、缺乏意义、迷失方向等。

6. 应对应激事件或紧急压力事件的人群（但不同于危机干预，危机干预需求助于专业人员），主要包括下述几方面：

（1）学习相关：考试、课业、升学、转学、毕业等；

（2）工作相关：业务繁重、重大工作事件（如决策、会议、做报告、谈判等）、调换工作等；

（3）生活相关：婚恋情感问题、亲子关系问题、亲友生病等。

SMART方案中教授的方法在学习后多数可以进行自我调节，其效果受练习时间等诸多因素影响。有精神心理疾病和躯体疾病的朋友仍需前往专业机构进行诊疗，SMART方案可作为辅助方法配合使用。

—序言1—

王芳博士这本书非常重要，也来得非常及时。中国作为世界上人口最多的国家，有机会引领世界，找到有效的公共健康方法来应对21世纪人类健康最大的威胁——非传染性疾病。这些与压力相关的慢性非传染性疾病包括心血管疾病、癌症、糖尿病、慢性肺部疾病以及神经精神疾病。

在书中，王芳博士用通俗易懂的语言科学地解释了压力在这些情况中扮演的角色，详细地介绍了每个人都可以学习和使用的心身训练方法，人们可以通过这些方法来缓解压力。尤其是她根据自己的学习背景和临床经验，将古老的中式心身训练方法融入哈佛大学医学院麻省总医院本森亨利心身医学研究所的SMART压力管理方案中，形成了中国本土化的SMART-C压力管理等系列方案，这是她对SMART压力管理发展做出的巨大贡献。更重要的是，这些中式心身训练方法与中国人的生活方式相结合，对人们的健康具有巨大的促进作用，能够预防与压力相关的慢性非传染性疾病。

赫伯特·本森教授由于年事已高，近年来不再为书作序，但王芳博士是他的第一位中国学生，也是同事，因此受赫伯特·本森教授本人委托，由我代笔为本书作序。我们一致推荐王芳博士的这本非常精彩而出色的书！希望它能在中国被更多的读者读到，让更多的人受益！

格雷格·弗里基奥内（Gregory Fricchione, MD）
哈佛大学医学院麻省总医院本森亨利心身医学研究所所长
戈特利布联合医疗全球精神医学主席
哈佛大学医学院精神医学、心身医学教授

赫伯特·本森（Herbert Benson, MD）
哈佛大学医学院麻省总医院本森亨利心身医学研究所名誉所长
哈佛大学SMART压力管理创始人
哈佛大学医学院著名心身医学教授
全美畅销书《放松反应》作者

—序言 2—

在过去几十年间,人们对压力和健康关系的了解取得了巨大的进步。其中,哈佛大学医学院麻省总医院本森亨利心身医学研究所在开展压力相关的科学研究、减少压力对健康影响的临床实践工作以及培训相关人才方面一直处于世界领先地位,王芳博士是本森亨利心身医学研究所培养出来的最具代表性的杰出人才,也是心身医学研究所唯一一位来自中国的医生,她花了两年时间在这里学习有关压力的知识和压力管理的技术与方法,逐渐成长为这一领域的专家。

在这本书中,王芳博士介绍了她在本森亨利心身医学研究所所学之精华。首先,她介绍了什么是压力,并且在当代科学和医学知识的基础上介绍了压力是如何影响人类健康的。然后,她介绍了人们处于慢性压力下通常会出现的一些症状,也就是大脑和身体对压力做出的反应。这些症状表现可以引起严重的疾病,常以焦虑和抑郁情绪为最初表现。但在中国,这些表现具有隐匿性,出现转化后,突出表现为身体症状。处于压力中的人经常会因为身体不适担心患病，他们反复向医生寻求帮助，而医生则会通过一系列检查来寻找这些症状背后可能存在的原因，结果往往毫无发现。当医生没有发现任何明确疾病诊断的证据时，没有办法提供更多的帮助，其中包括药物。但这些人中，尤其是对自身由压力引起的症状担心的人其实极有可能发展出疾病——当他们的症状持续得不到缓解或者由于过度担心而加重时。对这些人来说，通常会形成一种"求医——失望——再求医——再失望"的慢性恶性循环过程。

  本书不仅详细介绍了科学有效的减轻压力症状的心身训练技术，还提供了切实可行、丰富多样的应对方法来面对生活中的压力。这些技术方法已经被科学证实可以帮助人们了解、觉察并战胜压力。强烈推荐这本书给每一位想提高自身、家人和朋友健康水平的人！它非常实用！能够帮助大家解决问题！

艾尔伯特·杨（Albert Yeung, MD, ScD）

哈佛大学医学院麻省总院SMART压力管理中国培训项目部主任

哈佛大学医学院麻省总医院抑郁项目组基础医疗与研究部主任

哈佛大学医学院精神医学副教授

—序言 3—

王芳博士作为哈佛大学医学院麻省总医院（哈佛大学医学院最大、历史最悠久的教学医院）的博士后，在本森亨利心身医学研究所（BHI）和我一起工作了两年。她是一位值得信任和深受爱戴的同事，因为她一直在为改进和提高我们在 BHI 的工作付出着极大的努力——我们非常想念她。王芳博士是第一位来自中国的被认证的压力管理、心身增弹训练（SMART）的培训师。我们自豪地将她获得的这份荣誉以中英文两种形式在我们官方的网站上公布出来，以表达我们对她能力的认可。

王芳博士回国后为在中国推广 SMART 压力管理所做出的诸多努力，我们有目共睹。因此，经过执行委员会商议，我们一致决定任命王芳博士为哈佛大学 SMART 压力管理中国推广大使和首席培训师，在中国开展 SMART 压力管理相关培训工作以及其他推广活动。王芳博士的新书《当压力来敲门》是第一本关于 SMART 压力管理的中文书籍，这本书是将 SMART 压力管理介绍给中国的极其重要的一个组成部分。

　　我向所有对压力的科学和压力管理感兴趣的朋友推荐这本书！书中的内容既涉及专业知识，也为普通大众提供了实用的技术方法，尤其是与中国文化和中国的减压方法相结合，相信大家读起来会倍感亲切，操作起来也很容易！这是一本理论与实践相结合、具有指导意义的实用书，我强烈推荐！

约翰·丹尼哲（John Denniger, MD, PhD）

哈佛大学SMART压力管理首席督导师

哈佛大学医学院麻省总医院本森亨利心身医学研究所研究部主任

哈佛大学医学院麻省总医院、McLean医院精神科临床医师培训项目副主任

哈佛大学医学院精神医学副教授

目录 CONTENTS

- **上篇　压力的科学** / 001

  - 第一章　什么是压力？/ 003
    - 一、压力的定义 / 003
    - 二、压力对大脑的影响 / 004
    - 三、压力对心脏的影响 / 014
    - 四、压力对健康的影响 / 020
    - 五、压力与童年创伤 / 028
    - 六、压力与女性以及母婴健康 / 030
    - 七、压力与睡眠 / 036
    - 八、压力与衰老 / 043
    - 九、压力与抑郁 / 045
    - 十、从压力中获益 / 048

  - 第二章　什么是 SMART 压力管理？/ 053
    - 一、本森亨利心身医学研究所的发展历史 / 053
    - 二、SMART 压力管理的发展历史 / 055
    - 三、SMART 压力管理的基本内容 / 056
      - （一）SMART 压力管理相关概念 / 056
      - （二）SMART 压力管理四要素 / 067
      - （三）SMART 压力管理特色训练——RR 训练 / 071
    - 四、SMART 心身疗法减压效果的科学证据 / 074
    - 五、SMART 压力管理在中国 / 076

SMART-C 压力管理 / 081

- **模块一 觉察压力** / 083

  一、日常练习 / 086
  （一）压力预警信号练习 / 086
  （二）能量电池练习 / 091

  二、推荐的 RR 训练 / 092
  （一）呼吸式 RR 训练 / 092
  （二）身体觉察式 RR 训练 / 093
  （三）推荐的迷你 RR 训练 / 095

  ◉ 小 Tips 觉察的游戏 / 096

- **模块二 认知提升** / 097

  一、认知基本知识 / 099

  二、自动思维和认知偏差 / 100
  （一）自动思维的特点 / 101
  （二）常见认知偏差的种类 / 102

  三、针对认知工作的压力应对策略 / 105
  关于接纳 / 107

  四、日常练习 / 109
  （一）压力事件应对日记练习 / 109
  （二）分享练习 / 116

  ◉ 小 Tips 关于自己你不知道的 9 件事 / 118

- **模块三 释放情绪** / 121

  一、按大脑部位进行情绪应对的方法 / 125

　　　　（一）源于大脑皮层基础上的负性情绪的应对 / 125

　　　　（二）源于杏仁核基础上的负性情绪的应对 / 129

　　二、紧急压力事件应对流程 / 131

　　◉ 小 Tips 摆脱坏情绪的十个小窍门 / 134

- **模块四　唤醒激情 / 137**

　　　　（一）积极躯体感觉诱发练习 / 139

　　　　（二）分享练习 / 142

　　　　（三）理想自我练习 / 143

　　　　（四）便利贴练习 / 144

　　　　（五）感激日记练习 / 145

　　　　（六）同理心练习 / 146

　　　　（七）愉快行为发现练习 / 148

　　◉ 小 Tips 寻找积极情绪 / 151

- **模块五　关注当下 / 159**

　　一、关注当下的原因 / 163

　　二、关于正念 / 165

　　三、推荐的 RR 训练 / 166

　　四、日常练习 / 168

　　　　（一）当下式饮食练习 / 168

　　　　（二）当下式行走练习 / 170

　　　　（三）找到和开发适合自己的方法 / 172

　　◉ 小 Tips 这只鹅出来了 / 173

- **模块六　整合工作生活 / 177**

　　一、饮食 / 179

　　　　（一）识别与压力有关的饮食改变 / 179

（二）纠正由压力引起的不良饮食习惯 / 180
　　（三）金字塔膳食结构 / 181
　　（四）盘子平衡术 / 183
二、运动 / 184
　　（一）冥想式运动 / 184
　　（二）推荐的 RR 训练：瑜伽练习 / 184
　　（三）推荐的 RR 训练：八段锦练习 / 192
　　（四）推荐的 RR 训练：太极拳练习 / 192
三、睡眠 / 193
四、日常练习 / 194
　　◉ 小 Tips 培养创造力 / 198

SMART - C 压力管理方法归纳 / 199
附录　压力水平测试 / 203
参考文献 / 208

上篇
压力的科学

第一章
什么是压力?

一、压力的定义

提到压力,你首先会想到什么?人们的回答基本上是关于压力的来源的,比如工作的压力、学习的压力、生活的压力等等。当然,这些是压力的一部分,但到底什么是压力,可能很多人又说不清楚。1956年,匈牙利科学家汉斯·塞利(Hans Selye)使压力的概念流行起来。压力(stress)一词是从拉丁语"stringere"而来,意思是紧绷。后来有些科学家将压力定义为"身体对任何要求的不确定性反应"。这些要求可能是我们经常与压力联系在一起的负性生活事件,比如失业和丧偶;也可能是一些正性生活事件,比如找到新的工作和婚姻。压力源可以是那些不经常发生的大事,也可以是日常生活中发生的小事。另外一些科学家认为,压力是生物对环境变化做出的即刻反应,是一种生存必备的"感觉—分析—决定—应答"系统,是无法应对的一些小事。其他的压力概念包括"一种心理或者情绪紧张的状态,由负性生活事件或者极端环境条件造成""一种生理、化学或者情绪因素……个体不能适应而导致的身体紧张,可能诱发疾病""一种对个体的心理或生理健康的威胁,包括真实出现的或者隐藏的威胁"等等。

哈佛大学医学院著名的心身医学教授赫伯特·本森对压力的定义是：压力是一种对我们的生理和／或心理健康存在威胁的感觉，是一种我们认为无法应对这种威胁的信念。

压力的概念包括狭义和广义两种，当大家被问及压力相关问题时首先想到的那些工作压力、生活压力和学习压力属于狭义的压力范畴，而广义压力的概念是指日常生活中环境发生的任何变化对人体（心理＋身体）造成的影响。对压力的感受是人类的一种本能，而这种感受由于是通过大脑不同部位感受到的，有些可以被我们及时准确地识别出来，而另外一些并不一定以我们认为的压力表现形式表现出来，因而会被误解。压力与我们的生活密切相关，可以说每个人从每天早上睁开眼睛到晚上闭眼睡觉之间的时间都与压力有关，而并不像一些人认为的，自己并没有压力，压力与自己无关。

按照压力发生的时间长短分类，压力可以分为急性压力和慢性压力两种。如果急性压力反复发生或者没有得到很好的管理，会导致急性压力变成慢性压力。虽然适当的压力对我们的影响不大，但超过我们应对能力范围的压力，将会对身体造成损耗并最终导致躯体或心理疾病。SMART 压力管理方案中涉及的压力既包括急性压力，也包括慢性压力，我们将了解和学习的压力应对技术是针对各种压力展开的。

二、压力对大脑的影响

在外界压力的刺激下，我们的大脑经常会出现一片空白的状态，甚至感觉自己"短路"了、变傻了，其实是我们退化了。

几乎每个人都有过这样的体验：从小到大，经历了无数次考试，有些考试需要连续考几天，包含上百道题目，即使准备得充分，参加考试的人也经常会感到紧张和泄气。这些考试制造出的压力让我们保持大脑清醒的能力减弱了，甚至完全丧失，可能感觉到窒息，大脑像被冻住了一样，一片空白，思维混乱不清，等等。

在过去的几十年里，科学家们认为，他们已经搞明白了人类在考试中或者战场上战斗时大脑中发生了什么。但最近几年一系列的压力研究，却给出了与以往截然不同的全新观点。压力不仅能够引起大脑某些部位的一些初级反应，比如应激反应时下丘脑的活动（这种类似的初级反应普遍存在于很多物种中，从两栖类到人类都有），而且能够使大部分高级神经管理区（也就是大部分灵长类动物大脑中才存在的功能区）发生瘫痪。

在压力刺激下，诱发大脑初级反应的部位主要是指下丘脑。过去的教科书中是这样解释下丘脑的："下丘脑是一个不断演化的古老结构，位于大脑基底部，通过触发一系列激素的释放来应对压力刺激。"这些激素是由垂体和肾上腺分泌的，可以加快心率，升高血压，消减食欲。而只有灵长类动物的大脑中才有的高级神经管理区是指前额皮层，也就是紧贴着前额部颅骨里面的大脑区域。近年来的研究揭示了前额皮层的一个意想不到的作用，它作为一个控制中心，可以调节我们的认知能力，包括注意力集中、计划和决策的制定、洞察力、判断力和记忆恢复。前额皮层的功能是最新进化出来的，这部分脑区对我们每天焦虑和担心的情绪都极为敏感。

当事情进行得顺利时，前额皮层作为控制中心，确保我们的情绪和冲动在正常范围内运行。最新的研究结果表明，急性的、不能控制的压力刺激引起的一系列化学反应能够使前额皮层的影响减弱，同时加强了大脑中原始部分的控制能力。实际上，也就是压力刺激使大脑中原本由前额皮层产生的对想法和情绪进行的高级控制，转变为由下丘脑和其他早期进化的结构进行的原始本能控制。由于大脑中原始的结构起作用，我们可能发现自己要么因紧张焦虑而无所适从，要么服从于我们本能的原始冲动，例如：沉溺于暴饮暴食、滥用药物、疯狂购物等。简单来说，就是我们丧失了作为人类所拥有的高级管理能力，即认知能力。认知能力是指人脑加工、储存和提取信息的能力。它是人们成功地完成活动最重要的心理条件，知觉、记忆、注意、思维和想象的能力都被认为是认知能力。

综上所述，在外界压力刺激下，我们大脑的总指挥由高级管理区域退化为古老原始区域。那么，这一过程到底是怎样发生的呢？为什么我们会丧失这些能力？前额皮层作为大脑的高级管理区域，到底发生了什么？这个未解之谜困惑了科学家们数十年，直到第二次世界大战后，研究者们分析在和平年代训练有素的飞行员为什么会在战争中犯低级错误时，才逐渐发现了一些线索。随着近些年神经影像技术的发展，通过大脑扫描，前额皮层的混乱活动有了一个答案，那就是大脑高级中枢控制区域对压力刺激异常敏感，在压力刺激下表现得异常脆弱。

前额皮层在大脑统治系统中占有特殊的位置，它是大脑进化等级最高的部位。与其他灵长类动物相比，前额皮层在人类大脑中所占比率最大，达到人类大脑皮层的 1/3。与其他脑区相比，前额皮层成熟得最慢，在青春期之后才能完全成熟。前额区域拥有的神经回路用来归纳总结我们的想法，允许我们将注意力集中并维持在当前的任务上，同时存储关于工作的信息。这种暂时性的信息存储功能使我们能够记住前一道题目的数字总和，并在下一道题目需要时加以使用。作为心理控制单元，前额区域还能够隐藏不合时宜的想法和行为。前额皮层神经管理中心的功能，是通过一个扩展的内部网络来实现的，这个网络联系着许多三角形的神经元。除了网络自身，这些神经元与大脑中更远的区域也保持着联系，可以向这些区域释放信号来控制我们的情绪，并且与我们的欲望和习惯等心理活动以及行为都有关系。

没有压力时，上述各种功能都很正常。举个例子，周日晚上你到酒吧喝酒，前额皮层中的工作记忆回路提醒你，从下周一开始要按照某种安排工作，直到下周五，其他回路向低级脑区发出消息，告诉你最好放弃喝第二杯红酒以保持清醒。于是你走出酒吧，走在回家的路上。前方路边出现了一个巨大的汽车残骸，前额皮层回路在第一时间会向杏仁核（一个大脑深处的结构，用来控制恐惧反应）发出消息，身体便做出相应的判断及行为，以确保这个汽车残骸不会撞坏你的脸。但当压力刺激来袭时，保持这一网络的正常工作将会变得困难。这是因为，即使微小的神经化学环境的改变都可以持续减弱网络连接。那么，你的表现很有可能是不顾之前早已制定的工作安排，在酒吧大醉。

面对压力，我们的大脑会释放大量的化学物质，比如去甲肾上腺素和多巴胺，这些化学物质由位于脑干部位的神经元释放出来。化学信号的加强，会严重影响位于前额皮层区域的神经元的正常工作，暂时减弱不同部位、突触或者神经元之间的联系。随着神经网络活动的减少，调节行为的能力减弱，受下丘脑支配的肾上腺释放出大量压力激素——皮质醇——到血流中，把它们送往大脑，这时大脑的感觉就像着了火一样。因此，"保持冷静"是一种形象的表达，用来精确地描述这一潜在的生物反应过程。

在压力刺激下，人类大脑中的前额皮层功能很容易被损坏，大脑原始区域迅速取代前额皮层的位置，强有力地掌控了我们的行为。多巴胺到达大脑深处的一系列结构部位，这些部位统称为基底结基底结是用来调节欲望、习惯性情绪和运动反应的区域，它不仅能使我们在骑自行车时免于摔倒，也能使我们沉浸在成瘾行为中。

荷兰格罗宁根大学的本诺·卢森达尔（Benno Roozendoal）、美国加利福尼亚大学的詹姆斯·麦高（James McGaugh）和他们的同事于2001年共同发现了杏仁核在压力刺激下的相似改变。杏仁核是大脑中的另一个原始区域，当去甲肾上腺素和皮质醇出现时，杏仁核向高级神经系统的其他部分发出警报，同时也强化了对恐惧等相关情绪的记忆。

那么，对前额皮层进行持续数天甚至数周的攻击会发生什么呢？也就是说，慢性压力造成的损害是什么呢？慢性压力可能会将损害扩展到位于下级情绪中心的神经元间相互联系的网络上，这些区域参与了使身体保持灵活和头脑保持理智的功能运作。在慢性压力下，位于杏仁核区域接收信号的树突开始变大，而位于前额皮层接收信号的树突则开始萎缩。

纽约西奈山医学院的约翰·莫里森（John Morrison）和他的同事已经证实，位于前额皮层部位的树突能够在压力消失后重新生长，但是如果压力太大，这种反弹能力可能会消失。也就是说，巨大压力刺激（比如早期巨大的创伤经历）对某些人的大脑造成的损害可能是不可逆的。

前额皮层即使是在非常微小的压力刺激下也很容易崩溃，当它停止工作后，原始的冲动喷薄而出，我们就有了一种大脑一片空白的感觉，即意识瘫痪。

压力刺激下人类大脑普遍发生的反应，在人与人之间也有一定的差别。在压力面前，一些人看起来比另一些人要脆弱，这与他们的基因构成或者以前有过压力刺激暴露史有关。

拿基因来说，当多巴胺和去甲肾上腺素切断了位于前额区域的神经回路后，正常情况下酶类会充分溶解神经递质来进行补救，这种切断是可逆的，但并不会持续太长时间。通过这种方法，在压力刺激减少时人体能够恢复到正常状态。而某些基因可以减弱酶的活性，使带有这些基因的人在压力刺激下表现得更脆弱或对某些精神心理疾病更敏感。同样，环境因素也能够增加人体的脆弱性。例如，铅中毒能够模拟压力反应并对认知造成损害。这种分子细胞层面发生的事件链，使人体对于今后所遇到的压力刺激变得脆弱，也更容易成瘾、患抑郁以及焦虑相关的疾病，包括创伤后应激障碍。

性别是决定我们对压力做出何种反应的另外一个因素，如女性的雌激素可能会增加敏感性。有研究发现，与男性相比，生活事件的压力是女性产生抑郁的一个巨大威胁，而且压力对女性来说更容易增加某些成瘾行为的风险，例如吸烟。对男性来说，压力在由基底结调节的功能上可能扮演了一个更加重要的角色，如加剧渴求心理和引出习惯性行为。

关于退化，有一个问题仍然使研究者百思不得其解，那就是：为什么在压力面前，大脑要建立这样的机制来减弱它的高级认知功能呢？因为这些原始反应的触发可能有助于人类的存活。如果我们在森林中突然看到一只老虎，那么保持不动远比能记住某位大诗人的一首诗更加有用，因为这样老虎就有可能看不到我们了。

通过切断我们精细的高级大脑网络，原始的大脑通路能够立即使我们停住或者准备好逃离。当我们面对现实世界中的危险时，这些机制起到相似的作用。比如当一个鲁莽的司机开车突然出现时，我们需要急刹车，这往往都是本能在起作用。

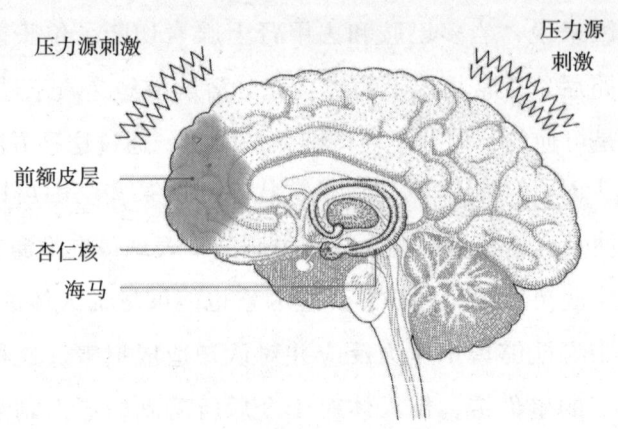

压力源刺激触发原始反应

压力源引起不舒适的感觉,就像我们的身体受伤会疼一样。从大脑的影像学研究中了解到,大脑调节这些反应时有相同区域被激活,尤其是大脑中叫作前扣带皮层的区域。当我们的心理状态因为压力变差时(比如,一个胆怯型的父亲一直担心他的孩子),如果我们的社会支持系统是非支持性的,甚至会诱发额外的压力(比如,老板用减少工资来恐吓单身妈妈),那么我们将更容易生病,这些压力事件从细胞层面就造成了影响。在应对心理和社会压力源所带来的痛苦时,细胞会消耗大量能量来努力保持生理稳定性。大脑作为生理稳定性的监测者,是如何对压力做出反应的呢?我们的大脑在面对环境改变时活跃地保持着生理稳定性,这个过程叫作适应性稳态。当压力过大或者持续时,将导致细胞的代谢性磨损(适应性稳态负荷)。在这种情况下,大脑发现维持能量平衡有困难,我们的健康将受到威胁。

由于多种原因,大脑不能维持内部平衡,需要通过改变来保持稳定。在慢性压力或者高压力下,身体代谢能量会增加,以便提供给大脑保持正常的生理功能所需要的能量。大脑的压力反应系统告知身体器官它所感知到的挑战或者威胁，这些身体器官（如心脏）和目标组织（如肌肉）也会相应地改变它们的代谢来保持稳定。如果挑战或者威胁是急性的和自我限制性的，身体器官和组织的协调工作会起到很好的调节作用，而如果挑战或者威胁是慢性的或者刺激程度严重，最终会导致疾病发生。

压力对大脑的影响主要集中在以下几个部位：边缘系统（如杏仁核、海马），是指原始大脑结构，用来运行情绪信息并且传递给前扣带皮层，在压力下做出反应；旁边缘系统（如前扣带皮层）以及皮层（如前额皮层）。大脑中的杏仁核、海马和前额皮层包括前扣带皮层，是压力反应和调节压力反应的关键区域，也叫作大脑中的压力反应系统。前额皮层负责决策制定、工作记忆和行为控制；杏仁核对情绪做出反应，比如害怕焦虑以及恐惧；海马控制空间记忆和背景记忆以及压力反应下调。当杏仁核感受到危险或者压力源时，它会刺激释放兴奋性神经递质谷氨酸盐，准备行动，这种准备的警觉状态需要消耗大量能量。如果这个状态持续时间过长或者过度，最终会导致人体发生疾病。

在严重压力刺激下，大脑中压力相关脑区的结构和功能会发生改变。杏仁核被迫变得强壮，同时，海马和前额皮层努力工作，试图调节杏仁核，它们长时间的超负荷工作会使自身的结构和功能受到损坏。杏仁核在持续的压力刺激下或者受到恐惧威胁的情况下，其结构的改变主要表现为肿大。科学家以小白鼠为研究对象，对其进行恐惧威胁，结果发现小白鼠大脑中的杏仁核发生水肿，即使在撤走压力源后这种水肿也会持续存在。虽然人类的大脑反应和小白鼠不一定完全相同，但是，在以人类为研究对象的另一个研究中，为这种假设提供了证据。研究中比较了有 1～30 年冥想经验的志愿者和没有冥想经验的志愿者的大脑核磁结果，发现前者的杏仁核显著缩小。压力或者恐惧的威胁对杏仁核的这种影响和外伤类似，比如，我们的手臂上被割了一个伤口，伤口可能会感染并水肿，由于这种伤害我们肉眼可见，所以我们会贴上创可贴，避免沾水，甚至服用抗生素。但在压力下，这种伤口会出现在大脑中的杏仁核上，我们看不见，就不会加以注意，甚至会做出不当行为，加剧"伤口"肿胀，最终造成更加严重的后果。

　　脑科学的发展让我们逐渐了解到，压力对人类的影响更多的是作用在大脑上，而压力管理的核心也必然在对大脑的调节、训练和修复上。举个例子，有些朋友遇到事情，产生负性情绪（生气、焦虑、悲伤等），时间长了难以摆脱负性情绪或者总是产生负性情绪（爱生气、想哭、高兴不起来等），并形成了习惯（爱生气、悲观预期、拖延等），在这种情况下，心灵鸡汤和讲道理用处都不大，所谓"道理我都懂"，明明知道该怎么做就是做不到，明明知道后果却非要做等。为什么会出现这些情况呢？原因在于"伤口"出现在大脑中。大脑的结构和功能发生了改变，必须通过训练来修复，使杏仁核尽可能恢复到原来的状态，才能说到做到。

　　心身疗法就是训练大脑的重要方法之一，如果不结合这些科学的方法，就很难奏效，或者在短期内效果有限。举个例子，压力常引起的一个问题是失眠，其中有些人的失眠表现为，睡觉前躺在床上胡思乱想，越不愿意想，想得越多，神经越兴奋。失眠的人常常抱怨已经很累了，但就是睡不着，白天的状态往往是头脑昏沉、精力不足，自己认为是睡眠的问题。面对这样的朋友，我往往会问他白天是否困倦，回答有肯定也有否定。对于肯定的回答，我会再问"白天是困还是累？"这时很多人才搞清楚，他们的感受是累、疲劳、精力不足,而并不是困倦。累是压力问题,而困才是真正的睡眠问题,像睡眠不足、睡眠质量差等。这些人所抱怨的累的核心,并不是身体的疲惫,而是大脑的疲惫。他们躺在床上什么也没干,身体处于休息状态,但他们的大脑并没有休息,甚至在飞速地运转着。如何让大脑真正地休息?这才是解决问题的关键。除了自然睡眠外,心身疗法是自主放松大脑,让大脑休息的最佳方法。

睡眠是人的本能,不需要人为的干预就可以做到自然睡眠。而自主训练强调人为干预,是要在科学的指导下把精力用在需要的地方,强调学习科学的压力管理方法。自主训练不仅会使睡眠问题得到解决,整体健康也会得到改善。

前额皮层正常调节情绪反应,并参与工作记忆和注意力集中,在压力下这些功能均受损。

前额皮层

海马

杏仁核

杏仁核肿大,与其他神经元形成更多的联系,因为应对过度的恐惧反应而过度激活。

海马萎缩,因为神经元生长减慢,与其他神经元的联系减少,记忆功能受损。

慢性严重压力下大脑的反应

三、压力对心脏的影响

我们的大脑和心脏紧密地联系在一起,古人将二者的功能结合在一起统称为心的功能,比如中医里"心主神明"的理论。这种功能的实现,需要身体在压力反应下对骨骼肌提供必需的血液和营养,在休息的时候对平滑肌和内脏提供必需的血液和营养,此外,管理心率和血压也需要血液和营养,我们的大脑本身需要这种支持来进行思考。

当大脑由于压力相关的适应性稳态负荷造成的代谢磨损而出现疲劳时,我们会更容易生病,其中心脏在压力刺激下尤为脆弱。早就有证据表明,压力及其相关情绪障碍,会使心脏产生疾病。比如焦虑和抑郁会增加心脏病的患病风险,像心肌损伤的心肌梗死和继发在心律异常之后的心脏骤停;一种由交感神经系统占主导作用的过度反应和慢性压力反应,在心脏不能将足够的血液输送到身体组织中时,也能够发展为心脏衰竭。

值得注意的是,即使没有像抽烟、喝酒等这类人们了解的危险行为,人们也能发生急性冠状动脉事件。也就是说,压力可以导致冠心病的发生。这不得不让我们更加重视压力事件——那些我们在每天的生活中都要面对的对心理和身体有挑战的事情——对生活造成的影响。

慢性压力容易导致心肌缺血——流向心脏的血液减少导致心脏肌肉坏死,引起心脏电生理事件——在心脏壁上出现反常的电冲动,导致心脏收缩、节律紊乱和心脏功能失常。慢性压力事件损坏心脏,并且会有死亡的潜在风险。有报道称,在心理压力下,超过一半的冠心病患者会经历短暂、无痛、安静的心肌缺血。无痛性心肌缺血也叫作寂静心梗,非常危险。患者的心肌在缺血的情况下并没有感觉到心绞痛，没有疼痛的预警，他们的心肌存在巨大的风险。更可怕的是，通过动态心电图发现的慢性心脏病中，缺血发作很多是无痛性的，而且并不是由强体力活动引起的。这些发作通常和心理压力相关，这种情况一直被称为心理压力性缺血，使心脏病患者不良临床预后的风险增加三倍之多。综合考虑心脏病在人群中的高发病率和心脏病在人为与自然灾害影响下新病例的高发生率，也就是心脏病的普遍性和常见性，所有人都应该有意识地提高和改善自我压力管理能力，同时我们也应该学会识别那些对压力相关心脏病易感的人，帮助他们找到适合的方式来应对压力，减少压力造成的不良影响。

压力对心血管疾病的影响有没有性别差异呢？答案是肯定的，我们在日常生活中可能有所觉察。男性对压力的反应通常表现在血压上，女性对压力的反应更多地表现在血小板黏性效应导致的心脏脆弱上。

心血管反应：冠状动脉对压力的反应变化，与女性相比，男性在生理指标上表现出更大的变化，比如血压。

心理压力相关缺血：心理压力引起流向组织的血流减少，与男性相比，女性更多地表现为压力诱发的心肌缺血。

血小板聚集：在压力下，更多的血栓对身体造成风险，与男性相比，女性在压力下有更多产生血小板聚集的风险。

心理社会压力：焦虑、抑郁与心脏病风险相关，与男性相比，女性表现出更多的负性情绪和更少的积极情绪。

总体来说，与男性相比，女性在心血管疾病预后方面更差。

为什么压力诱发心脏疾病的可能性非常大？压力相关的大脑活动的研究表明，大脑的一些区域与我们对压力的理解有关，这些脑区包括情绪和认知的区域，一旦这些区域被激活，就会对痛苦事件做出反应。

在大脑中有一个中枢自主神经网络，是个动态系统，由相互连接的脑区组成，也包括与心脏合作执行压力相关的活动。本质上，这创造了一个结构式的脑心连接。这个中枢自主神经网络用来调节压力相关情绪的反应。这一网络中的神经连接在自主神经系统中，通过一系列反馈式机制调节并整合压力反应，这些机制被设计用来维持适应性稳态平衡。因此，古人将大脑和心脏的功能统称为心的功能是有一定道理的。

现代科学证实，心脏和大脑之间的确存在着特殊的神经网络连接——脑心连接。脑心连接的关键区域包括前额区域，比如内侧前额皮层、前扣带皮层和岛叶皮层，杏仁核也服务于脑心连接。内侧前额皮层参与了我们对所经历的事情做出基本情绪的反应，它评估情绪并且有能力抑制任何可能对压力做出的过度反应。在结构上，前扣带皮层已经涉足海马区的记忆系统，并且从前额区域的另一个部分参与了未来计划的制定。脑区的相互关系帮助我们在不同的情况下做出适当的反应，尤其当我们考虑到有相互矛盾的信息存在时。

一种致死性的心脏病——心肌梗死，可能是由压力相关慢性炎症反应导致的。巨噬细胞移动到血管和心脏肌肉之间的空间中，吞噬在心脏血管内壁堆积的胆固醇后，变成泡沫细胞，最终破裂释放有毒物质，在血管壁上形成溃疡。接着血小板聚集在溃疡上来进行修补，如果这一过程变成慢性的，就会导致栓子长大，变成血栓阻碍血流，夺取心脏肌肉的氧气和糖，引起肌肉坏死。这会导致心脏输送到组织的血液减少，最终导致心衰。心肌梗死恢复后会造成心脏伤疤，这种伤疤将使我们在电生理事件（在压力反应下更常见）中变得更加脆弱，比如室性心律失常可能导致心脏骤停，导致患者突然死亡，即心脏性猝死。

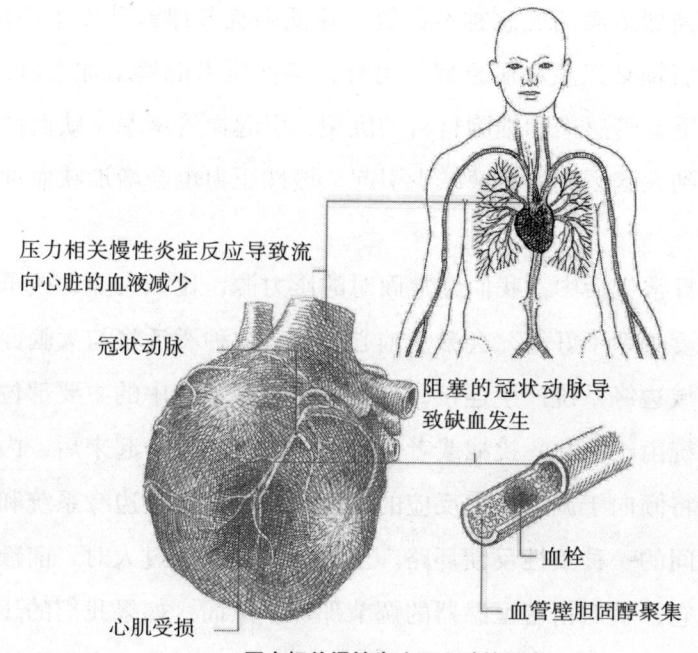

压力相关慢性炎症下心脏的反应

前扣带皮层调解所有的疼痛信号，包括心脏相关的心绞痛，及其伴随的其他身体和情绪引起的疼痛情况。在制定任何生活决策之前，我们都可以将记忆、计划功能以及疼痛信号的输入结合起来，这是人类进化的一个表现。

杏仁核对恐惧过程起到关键作用，影响人类的压力倾向。杏仁核负责找出存在威胁的压力源以及激活压力反应系统。

神经影像学研究已经证实，内侧前额皮层、前扣带皮层和杏仁核的网络，包括大脑中叫作岛叶皮层的区域，结合在一起调节脑心连接。岛叶皮层对连接大脑和身体起到了重要的作用。

在中风时岛叶皮层会出现损坏，这可能对心脏病预后产生负面的影响，尤其当左侧岛叶区域损坏时，患者表现出副交感神经（迷走神经）和交感神经的活跃。存在冠心病时，压力将成为一个危险因素，强烈地激活交感神经系统，降低心脏节律紊乱发生的阈值，加重心肌损坏以及心脏衰竭。另外，慢性压力能够增加心脏风险，通过加重血管感染和细胞材料的沉积，引起血管堵塞。缺血性中风由供给到大脑区域的血液减少引起，慢性压力也会增加缺血性中风的风险。

在日常生活中，我们经常面对的压力源，比如失业、孩子生病或者夫妻关系不好等，会激活脑心连接。这种激活将与大脑深处的情绪区域边缘系统产生连接，杏仁核是边缘系统中的主要部位。当边缘系统由于威胁、挑战或者大量的压力反应兴奋起来后，内侧前额皮层将倾向于调节压力反应的程度和时长，这是边缘系统和前额皮层之间的一种负性反馈环路。当边缘系统反应过大时，前额皮层将抑制它，就像精密恒温器的调节那样。然而，如果我们的压力变成持续的状态，或者超出前额皮层的抑制能力，前额皮层和边缘系统活动之间的关系就会失衡。当这种压力出现后，我们将感到不舒服、焦虑和恐惧。

自主神经系统功能失调在这里起了作用。在正常情况下，在交感神经的激活和副交感神经的灭活之间存在一个平衡，人类的痛苦情绪导致的压力反应，是由交感神经加速增加或者副交感神经减速减弱引起，如果这种交感神经的反应过度攻击身体，就可能将心脏置于心律失常的风险中。

在神经影像学研究中，心脏病患者的杏仁核对恐惧和焦虑表现出一种过度激活的现象，使心血管功能进一步产生负担。在冠心病患者中，与非压力相关心脏病患者相比，那些压力诱发的无痛性心脏病患者，其内侧前额皮层部位会被激活得更强烈，这反映了内侧前额皮层对边缘系统杏仁核的兴奋性抑制作用降低。

心脏疼痛对大脑有何影响？对经历了心绞痛的患者大脑进行核磁扫描后发现，增加的大脑活性反映了心脏所经历的疼痛，具体表现在丘脑（大脑中心的双侧感觉核）被激活，向前传导感觉信息到大脑。当体会到疼痛之后，前额皮层区域的岛叶皮层被激活。在压力下，心脏病患者显著增加了流向前额皮层区域和边缘系统区域的血液。边缘系统区域和情绪、记忆以及压力调节相关，在疼痛信号发出过程中合成情绪与认知信息。这表明用来调节恐惧和焦虑的大脑区域可以影响心脏功能。没有心脏病的大脑在认知方面更加活跃，而有心脏病的大脑的情绪中枢更活跃。

抑郁症与心脏病组成了一对邪恶联盟，这两种压力相关的慢性疾病互相增加人体的易感性。因此，在现代社会，人们经常共病。世界卫生组织将冠心病和抑郁症列为世界范围内使人伤残最大的两种疾病。

心身训练能够增加心身弹性，在这里表现为提高人类处理压力诱发连锁反应的能力，尤其是处理杏仁核发生反应的能力。当身体系统以健康的方式工作时，脑心连接的前额区域负责调节杏仁核。具体而言，冥想能够改善压力相关的交感和副交感神经系统之间的神经系统失衡，在生活中能够帮助我们更好地控制血压，增加胰岛素受体敏感性，减少脂质过氧化，延缓细胞衰老，从而改善压力相关代谢综合征，同时减小心脏疾病和心梗的易感性。

压力可以通过压力中介物的作用转化成代谢过度激活，在细胞水平表现为氧化应激反应。氧化应激用来描述在压力的影响下，细胞线粒体代谢（氧气和糖）过度造成有毒物质积累。促炎症转录因子（NF-kB）是压力和氧化应激之间的一个潜在重要桥梁，在心血管疾病中起关键作用。神经递质由压力刺激激活 NF-kB 而产生，这种反应的结果可能直接作用于冠状动脉血管内壁，让心血管病患者增加了一种附加的危险因素。

当压力移除后，NF-kB 通常在激活 6 分钟内回到正常水平。然而，一些人会恢复得慢一些，出现延长的 NF-kB 激活。这种对压力刺激的不同反应可能是压力感受不同引起的，也可能是不同基因激活导致的结果。

在一项对 2320 名男性心梗患者的研究中发现，当这些男性有高水平的生活压力或者被社会隔离时，他们更有可能在三年内死于心梗。进一步来说，当他们既有高水平的压力又有低水平的社会支持时，他们有非常高的死亡率。

这些心脏病患者通常严重抑郁和焦虑，他们更易受压力的影响，进一步出现心脏问题。教会他们运用心身训练方法，大部分患者都会有很好的效果，因为心身训练能够抑制基因水平的激活来应对疾病的免疫激活，从而增加他们对抗疾病的弹性。

总而言之，心脏病是一种压力相关的疾病。如今，大多数人已经注意到压力对心脏健康有危害。心脏病是压力相关疾病与大脑相连接的最好的例子，如果心脏病的风险被控制了，那么大脑和心脏将会一直相互协调，维持健康生活。

四、压力对健康的影响

2013 年，美国研究者发表的一篇文章显示，75% ~ 90% 去看社区医生的人是有压力相关的问题。美国的医疗体系和中国不同，在美国，人们生病后首先看家庭医生或者社区医生，如果这些医生解决不了，再由他们转诊到上级医院。这里75%～90%的比例是指所有看病的人，而不只是包括患精神心理疾病的人，可见压力对健康的影响之大。

中国文化或者中医强调心身是一个统一的整体，我们更倾向于含蓄内敛，不习惯直接表达情感。情绪是压力的重要组成部分，大多数人在心情不好时，往往会压抑自己的情感或者以其他方式表现出来，比较常见的表现是躯体不适，比如疲劳、精力差、失眠、脱发等等。华为运动健康发布的《2017中国睡眠质量报告》数据显示，69.4%的用户睡眠质量不佳，表明中国人普遍面临睡眠问题。还有抑郁症，这是一种和压力关系密切的心理疾病，很多人认为抑郁症患者表现为总是想哭，严重时有自杀倾向。其实抑郁症患者另外一个核心症状是兴趣减低，更多的人可能表现为平时没什么不高兴的事情，也没什么高兴的事情，或者说丧失了高兴的能力，这是非常危险的。

从疾病的分类来看，除了传染性疾病外，我们发现，压力相关的慢性非传染性疾病对人类的健康和经济有很大的威胁。2005年，这些流行的非传染性疾病导致全球超过3600万人死亡。到2030年，它们将会造成累积47万亿美元的损失，大约占世界生产总值的75%。如今，大部分人有发展出一种或几种压力相关非传染性疾病的风险，包括心血管疾病、慢性肺病、糖尿病、关节炎以及神经精神疾病等。压力不仅和人们通常了解的精神心理疾病有关，还和很多疾病的发生和预后有关系，可以说21世纪人类健康面临的最大威胁来自压力。

在中国，近年来人们的健康问题表现出三个特点：（1）猝死年轻化，发生率增加；（2）癌症发病年轻化、发病率升高；（3）慢性疾病发病年轻化。这三个特点都与压力密切相关，也标志着我国压力相关的健康问题日益突显。

压力状态一直被认为是一种不和谐的状态，也是一种对动态平衡存在威胁的状态。它打破了人体的生理、心理和社会维度的动态平衡，对人体的组织器官造成影响。

从生理角度分析，机体对压力的调节过程通常分为三个阶段。

第一阶段，急性应激反应激活初始调节物，如肾上腺素、去甲肾上腺素和皮质醇等。

第二阶段，应激反应延长引起代谢系统（如胰岛素、总胆固醇、甘油三酯等）、心血管系统（如收缩压、舒张压等）和免疫系统（如C反应蛋白、纤维蛋白原等）的改变。

第三阶段，应激反应进一步调节会导致认知功能下降、细胞老化、疾病发生、健康受损。

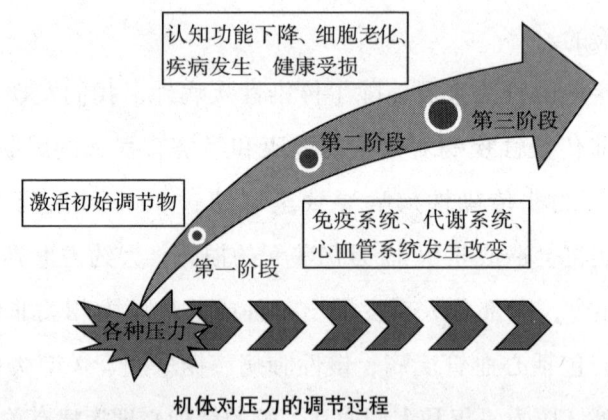

机体对压力的调节过程

到目前为止，从初始调节反应也就是第一阶段发展到第二阶段和第三阶段需要的时间还不是很清楚，并且人与人之间也不尽相同，但每一阶段的生理指标情况可以通过定期检查来查明。目前已经发现的发病和预后与慢性压力有关的疾病，包括以高血压为代表的心脑血管疾病、2型糖尿病、抑郁症、焦虑症、失眠、慢性疼痛、经前期综合征、不孕不育、癌症等。

我的一个同学是肛肠科医生，有次聊到痔疮手术患者术后疼痛的问题。在理论上，这种疼痛持续时间有限，但实际上很多患者在术后很长一段时间内仍会感觉疼痛，并且会要求医生解决疼痛的问题。我的同学起初面对这种情况毫无办法，后来他发现，一些老医生处理这种情况的效果很好。请教后得知，老医生一般会酌情配合抗抑郁或者焦虑的药物治疗，止痛的效果很明显。原因不难理解，焦虑的情绪会让全身不舒服的感觉扩大，当然也包括疼痛。血压也是如此，患高血压的朋友体会更深，情绪剧烈波动时，可能同时用几种降压药都很难在短时间内将血压降下来。女性生理特点相关的疾病和问题更是如此，比如更年期的问题。很多女性的更年期症状能够持续数年，大家往往只重视更年期时身体出现的生理改变，比如激素水平变化，而忽略了这一时期女性往往也处在事业与家庭的巨大压力之下，可以说上有老下有小，药物的治疗只调节了激素水平，个人没有学习和掌握调节情绪与压力的有效方法。因为激素水平的变化本身就可以影响情绪，多种因素混杂在一起，难以区分，所以当事人会认为还是更年期的症状。还有闭经的问题。我曾经在一次讲座中讲到了压力和女性健康的关系，后来有一位女士专门来看我的门诊。这位女士的问题是闭经，而她才32岁，来找我之前她已经在医院持续治疗了两年多，各项检查都没有问题，就是不排卵。了解了一般情况后，我特意问她在闭经前经历过什么事，而以前从没有医生问过她这个问题。原来她是在经历了一次车祸后出现闭经的，当时车子受到撞击，她坐在后排座位上，其他部位没有感觉，只有下腹部由于惯性有剧烈的振荡感，之后很长时间觉得不舒服，然后就闭经了。这场车祸是典型的压力事件，这个压力事件表面上并没有给她的情绪造成太大的不良影响，但她却停止了排卵。

在现实生活中，这样的事情比比皆是。关于压力引起不孕不育也有真实的案例。2015 年，我还在美国留学，当时有一部与压力相关的影片上映，名字是 *The Connection: Mind Your Body*，可以翻译为《关注心身之间的联系》。其实这是一部纪录片，由一位记者根据自己的亲身经历拍摄。这位记者得了一种自身免疫系统疾病，也就是自己的免疫系统开始攻击健康的细胞，这类疾病目前在医学上还没有办法治疗，只能通过激素控制。而机缘巧合，她进入了心身医学的领域，得到了有效的治疗，身体逐渐康复。在影片中，她采访了其他几位患者，有恶性肿瘤存活下来的患者，有遗传性疾病幸免于难的患者，等等。其中有一位儿科医生，她的问题是不能自然怀孕，各种相关检查均没有问题。她寻求过各种医学的方法，都没有效果，事情的转折来自她养鸡的经历。她在家中后院养鸡，每天鸡都会下蛋，有一天鸡突然不下蛋了，寻找原因后，她发现，前一天鸡窝遭遇了草原狼的袭击。显然，鸡被吓坏了，吓到不下蛋。女医生聪明地把这件事和自己的状况结合起来思考，自己不能怀孕的原因是不排卵，这和鸡不下蛋的情况如此相似。仔细想想，医生的工作每天都很忙很累，压力很大，自己从来没有考虑过压力的影响，更没有寻求过这方面的帮助。于是，她参加了一个专门将不孕女性组织在一起进行团体减压干预的小组。在影片中，当她走进房间时，看到那么多人和她有同样的经历，立刻感觉安定了。在影片拍摄时，她成功地通过试管婴儿生下了第一个孩子，此后，她再一次自然怀孕。在这部影片中还采访了当今世界上心身医学和压力管理领域的知名专家和学者，他们从科学的角度阐述了心身疗法对压力的积极作用。

说起来，我和这部电影还是很有渊源的。当时，这部影片有六种语言的字幕，但是没有中文版本，实属遗憾。在约翰·丹尼哲教授的鼓励下，我和电影的版权方取得了联系，主动提出想要为影片做中文字幕的翻译工作。对方很快回复了我，同意由我来完成这项工作。有了中文字幕，就可以让更多的中国朋友了解影片的内容，从中获益。

回国后，在今日头条上看到一位朋友提到自己各项检查都正常却不能怀孕的问题。我问她是不是压力比较大，情绪不稳定。她回答的确如此。我建议她注意调整情绪，最好能进行专业的压力管理方面的干预。她恍然大悟。那条回复引起了很多共鸣，大家纷纷留言。目前，中国不孕不育的问题逐渐显露出来，除了人们能够想到的饮食安全、环境污染等问题外，压力情绪的影响也绝对不能忽视。

这里再说说另外一个问题，就是压力引起的疾病"潜伏期"问题。这里的"潜伏期"是有中国特色的，与中国的文化相关。我们对情感问题的表达是含蓄隐晦的，所谓"意不直述，情不表露"，有一种朦胧美。这种特点具有两面性。情绪，尤其是负面情绪，在事发时或者过后不久没有得到有效、科学的表达或被压抑下去是会产生问题的。在心理学上，负面情绪被压抑到潜意识中，人们就会出现睡觉时多梦、做噩梦等现象，在医学上，身体就会出现各种不适的症状，比如心慌、胸闷、尿频、胃胀胃痛、打嗝，但又没有器质性问题，或者问题很轻，不足以解释主观感觉的严重程度等。同时，这种症状可能不会立即表现出来，而是长期积累在身体中，就像在身体上埋下的一枚枚定时炸弹，不知道什么时候就会被引爆。

我曾经给一位60多岁的老人做过体验，她的身体没有什么大问题，但总觉得不太舒服，易疲劳、乏力、精力不足。第一次让她体验了压力管理方法中的身体觉察RR训练。在过程中，她突然出现打嗝，整个过程都没有停下来。结束后问她的体验，她回想起五六岁时家教比较严，每次犯错被母亲严厉教育时她都止不住想哭，但母亲总是说不能哭，哭对身体不好。于是她就努力压抑住想哭的冲动，有时候实在压不住就直接喝凉水，通过这种极端的方法来阻止自己哭出来。这些事几乎被她遗忘了，而且也从未通过不断打嗝的方式表现出来，但仅仅用身体觉察的体验就发现了这些埋于她身体深处的定时炸弹，可以说她的身体从未忘记。做完这次体验后，她感到一身轻松，非常舒服。在当天回家后和第二天，她还出现了频繁排气的现象，但持续几天后所有的反应都消失了，整个人的状态非常好。

有朋友在年轻时没出现什么问题，但一退休各种问题就接踵而至，这种现象也可能是压力问题长期得不到处理而压抑积累的结果。也有朋友对我说，自己的意志力顽强，会控制好身体不出问题。通常这种类型的人被我称为想用大脑控制身体的人，控制的结果会怎样呢？举个例子，有一位朋友找到我，其实她自己没什么大问题，事业成功，家庭美满，虽然年近50但非常漂亮，看她的外表完全猜不出是这个年龄段的人。她做了一次身体觉察的体验，整个过程是躺在沙发上完成的，双脚抬起。结束后她感到很奇怪，因为她有一个难言之隐，就是拇趾外翻，如果她不说别人根本不知道，但这个问题会导致没法穿很多漂亮的鞋子，尤其是那种尖头鞋子，这对于一位成功的、漂亮的女士来说无疑是一种打击。在不走路时她的脚是不会感到疼痛的，但在体验过程中她一直感觉到脚趾隐隐作痛。刚一结束她就对我说，自己平时太要强，会忽略脚趾的疼痛，她以为用自己的意志力就能够战胜疼痛。她一直犹豫是否通过手术来解决这个问题，她很喜欢运动，担心手术会影响身体运动功能。经过这次体验，她毫不犹豫地选择了尽快完成手术。

用意志力来控制身体的想法其实很可笑，忽略身体的反应可能会带来更加严重的后果。在当今压力山大的环境中生活，上面的例子经常会发生。我们在很多情况下不得不用意志或大脑掌控一切，这点可以理解，但在事情发生之后，在合适的时间、地点，我们一定要运用一些方法来调整补救。

压力管理是健康管理的重要组成部分。很多人在常规体检中并没有检查出问题，为此沾沾自喜，认为自己很健康。阶段性的健康并不能完全代表健康水平，健康能力对健康的预测功能越来越重要。近年来，各种媒体报道的猝死事例有增多的趋势，我们周边也不乏这样的例子。

我有一位生于1986年的朋友，33岁，2018年3月突然脑干出血，在医院急诊抢救10天后去世，留下年轻的妻子和两个年幼的孩子。在他出事前不久我们有过短暂的见面，他已经意识到自己的压力过大，年纪轻轻就担任国企项目负责人，家中最小的孩子才2岁，来自工作和家庭的压力严重透支了他的身体。由于时间紧张，他没来得及向我寻求帮助，我们还没有就此深入探讨，结果就再也没有机会了。这件事给我和周围认识他的朋友们带来了很大的触动，因为当今社会的压力问题，不仅会以人们了解的方式缓慢地摧毁一个人的健康，还会以猝死这种方式表现出来，使人们没有第二次调整的机会。这件事更坚定了我抓紧时间做压力管理推广工作的决心。

引起猝死的原因中具有代表性的，一是脑出血，二是心梗，两者都与血压瞬间剧烈升高有关。造成血压瞬间剧烈升高的原因，最常见的是情绪剧烈波动和巨大压力的刺激。一切都是有征兆的，身体和心理早已经给了人们很多提醒，即压力预警信号，而通常这些信号被大家忽略了，没有得到足够的重视，这些信号往往不是已经确诊的疾病，而是亚健康表现，甚至没有任何异常表现。因此，很多人认为压力管理和自己没什么关系，这是大错特错的。尤其是长期处于慢性压力中的人群，要格外注意，这些慢性压力在无形中侵蚀一个人的身体，可能在不久的将来一下子将人击垮。

通过上面的介绍，大家可以了解压力逐步导致疾病的全过程，压力对我们的危害也逐渐明确。应对压力应该从现在开始，防患于未然，不要等到疾病出现时才去治疗。中医经典《素问·四气调神大论》中说："是故圣人不治已病治未病，不治已乱治未乱，此之谓也。夫病已成而后药之，乱已成而后治之，譬犹渴而穿井，斗而铸锥，不亦晚乎？"

五、压力与童年创伤

弗洛伊德的童年创伤理论被很多人所了解，从压力的角度来说，童年的压力创伤无疑也会对人造成巨大的影响。在大脑结构和功能的进化中，我们的求生策略被固定下来，这些求生策略起到重要作用。简单来说，如果在安全的养育方式下，比如在稳定的抚养人或社会成员群体照看下成长，我们会有更好的机会存活下来。我们的大脑将会以一种健康的方式发育，配合进化的需要，这些都是由我们和我们的父母、抚养人建立起最基本的连接引起的，而不安全的养育方式是导致童年创伤的主要原因。

在人类进化历史上，压力起初与个人受到的威胁、获得食物和性伴侣相对困难有关，如今演变成与父母或者孩子分离以及与社会支持分离有关。因此，不安全的连接通过增加压力激活免疫系统，从而导致疾病。当社会压力变成问题，人体被转移到了应对压力上，激活的免疫系统作为一种防御策略出现，让人们为此付出代价。

在大脑中，这些连接产生的影响是如何产生的呢？我们大脑的前额脑区，从杏仁核那里接收到压力信号。前额脑区最重要的部位是前扣带皮层，是感知分离痛苦信息、决定采取行动来达到一种依恋结果的部位。一些出现的认知以及情绪信息，会让人体再一次感知到产生了安全的依恋，即感知到现在是安全的，前扣带皮层和其他内侧前额页皮层区将会重新让杏仁核平静下来，告诉它威胁已经消失了。

那些由童年创伤带来的不安全的童年依恋，可能会导致成年后某些疾病的易感性增加，比如抑郁症、焦虑症和情绪障碍等。除此之外，不安全的依恋形式还可能导致有害的适应性行为，比如吸烟、酗酒。相反，由安全的社会支持和充满同情心的爱带来的支持性的依恋则是健康的，可以缓解压力引起的代谢磨损，让我们不容易生病。近日，美国威斯康星大学麦迪逊分校的神经外科研究员利贾·帕培尔（Ligi A. Papale）和同事们发表在 Scientific Reports 上的一篇文章报道了经历童年创伤的儿童基因功能的差异和问题产生的原因。在这项研究中，他们观察到压力儿童组与正常儿童组之间基因的差异。DNA 的甲基化会引起 DNA 稳定性及 DNA 与蛋白质相互作用等的改变，从而改变基因表达。而在 DNA 甲基化过程中，环境变化会改变 DNA 甲基化水平，通俗来讲，就是你的经历可以改变你的 DNA 甲基化水平。DNA 甲基化并不会改变你的 DNA 主链，但 DNA 甲基化的存在却会改变你 DNA 的使用方式，以及是否表达或表达多少基因。

研究人员收集并分析了22名9～12岁女孩的唾液样本,他们发现,在122个基因中,压力大的儿童的DNA甲基化与压力小的儿童不同。研究人员又研究了基因的表达方式,发现超过1400个基因表现出与女孩承受压力相关的表达差异,其中包括12个甲基化不同的基因。而这些甲基化不同的基因和基因表达的差异,正突出表现在一些已知的影响情绪和精神疾病的基因中。另外,研究还发现,随着女孩年龄的增长,甲基化和基因表达的差异持续存在。大约在10年后,基因组中仍然能发现一些标记,告诉人们其童年曾经历过的创伤。这一针对童年创伤的研究结果,可以看作对弗洛伊德童年创伤理论的科学验证。

想象你是一个3岁孩子的父母,留下孩子独自在家,而你去商店买东西,一路上你都会非常担心。恐惧情绪产生,兴奋性的神经递质谷氨酸盐释放,充满整个大脑,交感神经系统激活,引起HPA轴压力反应,最终引发大脑中的炎症反应,即使没有真正的感染发生。因此,分离的压力本身就可能使你感觉像发生了感染或者生病了一样。

当然,不只是分离的父母需要承受巨大的压力刺激,即使是有着安全依恋的孩子,当他们意识到要和父母分离时,也将会经历类似的过程。这种反应对孩子造成的最大恐慌是在他们第一次与安全的依恋相分离时,无论是与抚养人还是抚养环境分离。

六、压力与女性以及母婴健康

男性和女性有着不同数量的生殖激素,这些生殖激素影响着每个人的身体内部器官,包括压力反应系统的主要组成部分——HPA

轴。尽管以前大家认为，与女性相比，男性患压力相关疾病的风险较高，但实际上，目前女性在自身免疫系统、焦虑和抑郁方面患病人数要比男性多。当然，这也许是因为男性的问题表现得更隐秘。尤其在生育阶段，女性患压力相关疾病的风险明显增加。社会因素起了重要作用，包括如何保持工作和生活之间的平衡，这引起女性激素水平的改变，不止在月经周期，更在整个生命过程中，直接造成女性对压力的敏感性增加。

压力水平会影响孩子吗？随着科学的发展，孕妇的压力水平对胎儿的影响逐渐被人们所了解。尽管恰当的压力激素对胎儿器官和组织生长是必需的，但慢性或者严重的压力在妈妈身上会激活连锁反应，对胎儿有不利的影响。

压力可以激活基因导致胎盘泄漏增多，胎盘是连接胎儿和母亲的主要器官，这无疑使婴儿处于母亲产生的较多的压力激素中（通过胎盘），也提高了炎症标志物水平。这种炎症状态反过来会造成更多的胎盘泄漏，如此往复，形成恶性循环。母亲、胎盘和胎儿会对孕期出现的任何潜在问题表现出加剧或者过度反应的免疫应答。加剧的免疫应答就像加剧的压力反应，不是一件好事。

在怀孕的状态下，一种加剧的对潜在压力的触发（包括额外的心理压力或者食物缺乏，低氧、感染或者其他身体压力源）产生的免疫应答可以导致胎盘损坏，进而造成胎儿发育的大脑和其他器官的损坏，这些改变是由基因调节的。特殊的时间和强度的免疫应答，联合其他因素，比如胎儿的性别（男性胎儿更加脆弱），导致产生了最终的结果。在这场风暴中，胎儿的大脑结构发生改变，对孩子情绪和认知造成长期影响，包括孩子的压力反应活动增加。

因此，压力管理在孕期尤为重要，这对母亲和孩子的一生来说

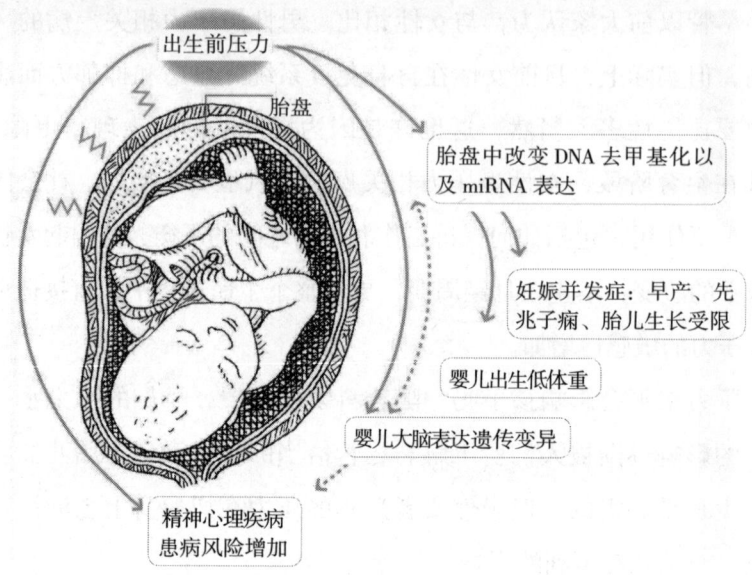

压力对胎儿造成的影响

是一个相当重要的阶段。根据孕期压力严重程度和持续时间的不同，可以加剧胎盘和胎儿大脑发育的免疫应答，最终对胎儿大脑结构、功能和压力反应活动造成影响。

母亲的压力导致基因的改变，在母亲、胎盘和胎儿身上造成了连锁的负面反应，这些改变包括多种孕期并发症，可以损害母亲、胎儿，也包括改变胎儿的大脑环路。改变的大脑环路可以造成压力反应活动增加、其他神经发育低下的状况和相关疾病，影响人的一生。如此严重的后果，必须引起人们的足够重视。

更加值得关注的是，压力介导的基因改变表现为遗传性的特点。因此，如果你的曾祖母在怀你祖母时有高水平的压力，由于基因遗传的影响，你患有压力相关障碍的概率就增加了。尽管持反对意见的人会说，有压力的父母的孩子可能会学习父母的这些行为，也会导致出现这种传递方式，但有证据表明，这种代与代之间的压力反应引起的基因改变，实际上是通过精子和卵子传递给下一代的。

美国马里兰大学医学中心最近的一项研究也验证了这一猜测，研究发现，父亲所经历的压力会改变精子，从而影响后代的发育，包括孩子的大脑和应对压力的方式。该研究基于表观遗传学即基因表达层面发现父亲的压力对孩子造成的影响。表观遗传学是指基因表达中的多种变化，这些变化不涉及 DNA 的改变，但环境因素会导致出现不同的基因表达。表观遗传学使得人们更加重视环境因素对人类健康的影响，胎儿所处的环境也不例外。早在 20 世纪 80 年代，科学家们就发现，结直肠癌患者体内的肿瘤组织中一种叫作 DNA 甲基化的表观遗传标记比同一人体正常组织要少，这是首次将人类疾病与表观遗传变异联系起来的证据。因此，不仅母亲要在怀孕期间保持良好的心情，避免压力，父亲也要有意识地缓解压力，放松心情，给宝宝创造一个和谐的生长发育环境。

孕酮是怀孕所需要的一种重要的生殖激素，它有助于缓解压力。在孕期，高水平的孕酮通过增加大脑中自然的镇静成分 γ-氨基丁酸（GABA）帮助准妈妈保持平静。GABA 是主要的抑制性神经递质，它像妈妈天然的镇静剂，在休息和放松状态时水平较高，可以通过冥想和瑜伽增加 GABA 水平。另外，孕酮也会激活一种强大的抗炎症基因来保护准妈妈的细胞对抗压力。孕酮甚至有助于女性手术结果的改善概率。几种癌症研究的结果表明，妇女在月经周期有较高水平的孕酮，与低水平相比会有更好的手术结果。

除孕酮外，还有一种重要的抗压激素就是后叶催产素。后叶催产素由下丘脑产生，对男性和女性的压力调节都很重要，会使人"感觉良好"，也被叫作"爱情激素"或者"拥抱激素"。后叶催产素在缓解压力方面的作用主要与社会连接性行为相关，积极的社会互动和社会支持对我们的健康有良好的影响，可以避免孤独的感觉，减少心血管疾病复发，改善情绪。一些学者还认为，社会连接尤其对减少女性的压力有益。对于女性来说，压力反应在她生命的不同阶段的预警作用可能不是那么有效，尤其是在怀孕或者其他被孩子所"拖累"的情况下。站在进化的角度来看，一个女性能够更好地与向她发出警报、帮她逃跑或者替她照顾孩子的人建立连接。相反，男性更倾向于对压力采取攻击性的战斗反应，这得益于他们高水平的睾丸素、相对发达的肌肉组织和没有"受拖累"的怀孕状态。女性在压力下更倾向于从其他人那里寻找舒适的感觉，而男性在压力下则不习惯于这种处理方法。这种不同很大程度上是由于男性和女性的大脑中后叶催产素的不同造成的。

后叶催产素会产生一系列积极的、维持内稳态的改变。它可以通过向大脑的快乐中心释放多巴胺（一种重要的大脑化学物质）使人们感觉更好，同时降低皮质醇，增加自然减轻疼痛的化学物质，减少特定压力反应神经元的激活。后叶催产素对大脑的镇静剂GABA释放有促进作用，GABA帮助我们回到平静休息的状态。后叶催产素也能够对不同压力相关基因起到开或关的作用，影响大脑重要区域的结构和功能。这也可以解释为什么在生命早期（包括婴儿期）后叶催产素的水平可以影响我们今后如何对压力做出反应。

虽然生命早期的压力创伤可能对今后的压力应对等造成影响，但并不是所有的生命早期的压力都是不好的。有些研究者认为，一些早期压力对发展心身弹性或者压力应对能力是必需的，因此，你需要偶尔经历压力来学习如何应对压力。关键是压力源持续的时间和剧烈程度，如果是慢性的、严重的或者是经常出现、不能恢复的压力，将会使你感到筋疲力尽，无论精神还是身体都会崩溃。总而言之，生命早期的压力会对我们的基因、大脑结构以及大脑功能造成短期或长期的影响，其中一些压力对帮助人们学习压力应对方法和提高心身弹性很重要，但是严重的压力会导致精神障碍和健康问题。

除了孕期外，女性另外一个比较特殊的时期是更年期。更年期激素水平的变化会对女性造成很多影响，远不止生育能力那么简单。不同水平的雌激素和孕酮可以导致不同的心理状态，低水平的雌激素意味着 5- 羟色胺减少，女性对压力的敏感性增加。另外，孕酮随着更年期的到来而耗尽，这种结果导致 GABA 水平下降，进一步增加了女性在压力面前的脆弱性。

这些激素水平的下降和波动使更年期女性应对压力的能力降低，这可以用来解释为什么女性在更年期时情绪变化无常。因此，这个阶段的压力标志着女性生育阶段的结束，她们的激素水平的改变直接影响了大脑的化学物质和压力反应。这种在大脑中 GABA 水平改变、生殖激素水平和压力系统功能下降共同造成了女性生育基础上的情绪障碍。比如，女性的生育性抑郁出现，源于生殖激素水平的改变，她们对激素水平变化的敏感，导致压力系统功能下降和情绪低落。

另一种重要激素是褪黑素，它在更年期也会表现出明显下降。褪黑素有抗氧化的作用，促进睡眠，建立人体的节律，帮助脑细胞生长。这也解释了女性在年龄增长后会出现睡眠障碍、在更年期后会出现与氧化应激相关的疾病高发的原因，比如心血管疾病和痴呆。

如何减少更年期对女性造成的影响呢？低水平的 5- 羟色胺可以通过摄入富含色氨酸以及维生素 D 的食物来补充，大脑中 GABA 水平的提高可以通过练习冥想来实现，对抗氧化应激可以吃健康的富含抗氧化剂的食物，褪黑素水平的恢复可以通过在夜间减少光照来完成。

七、压力与睡眠

压力反应是应激反应,是一种对压力源做出的自然反应。我们对压力的反应可以影响情绪、认知和生理水平。压力体验经常会引起入睡困难,影响睡眠质量。由于白天的压力和情绪没有及时得到科学的处理,也会从意识层面压抑到潜意识中,表现之一是多梦或做噩梦,这是常见的压力体验结果。慢性压力多源于正在经历的生活状况,是一种常见的造成睡眠障碍的原因。压力源激活我们的压力反应,让我们保持警醒。如果这一状态变为慢性的,也就是慢性压力引起慢性激活反应,能造成睡眠障碍,而被干扰的睡眠反过来也能够产生更多压力,增加很多问题风险。如果没有及时科学地加以干预,它可能迅速变成恶性循环,难以改变。

那么,好的睡眠能够减轻压力吗?要回答这个问题,首先要了解睡眠的目的和作用。如果问你人为什么要睡觉,你的回答可能是:为了休息。的确,睡眠是人的本能,就像心脏会自然跳动一样,不需要你的努力来实现,困了、累了自然就会睡觉。很多失眠的患者说,现在越来越不会睡觉了,害怕睡觉。很明显,这是心理因素造成的,睡眠根本不需要学习,看看小孩子的睡眠,他们是没有玩够不想睡,但身体已经疲惫到必须睡觉了,所以会看到小孩子抱着心爱的玩具甚至站着睡着的景象。其实大人的睡眠也是如此,只是大人想得更多,对自己的睡眠有很多不切实际的期待和要求。比如一定要睡够八个小时;带着一定的目的睡觉,比如在12点之前必须睡着来养肝排毒;妄图控制和改变自己的睡眠,破坏了自然睡眠过程等。上述这些原因,会造成人们对自己的睡眠状况不满意,进而放大和睡眠有关的不舒服的体验,比如因为枕头不舒服导致睡醒后脖子不适。试想一下,在条件更加恶劣的情况下,能睡就是好的,根本不会关注枕头的影响，脖子不适可能是因为没有睡够 8 小时的不满意的后果，也可能是在 12 点之前没有睡着的后果。失眠患者应顺其自然，不要耗费精力管自己管不了的事情。我的睡眠管理是帮助大家恢复此时此刻最适合大家的自然睡眠，而不是大家期待和要求的睡眠。

在对睡眠作用的科学解释中，有个被普遍认可的能量分配理论，这一理论认为，睡眠的目的是确保我们用最有效的方式使用能量，最大程度地增加我们生存和繁衍的机会。身体维持现状，好好工作，需要保养和能量。白天清醒的时候，我们使用了大量的能量进行活动，与世界互动，没有剩余太多的能量来维修和维持细胞，弥补身体的耗损，睡眠允许我们关闭或者至少减慢一些清醒时工作的系统，因此能量被保留下来。

在哺乳动物和鸟类的快速眼动（REM）睡眠中，温度调节防御（主要用于对增加的活动或者对环境因素做出温度调节反应）和骨骼肌运动显著减少，允许身体使用这些能量来进行细胞修复。通过从 REM 睡眠改变成 NREM（非快速眼动）睡眠，我们能节省能量来维持核心体温，保持对环境改变做出反应的能力。

节省能量和恢复细胞并不是睡眠的唯一作用，突触平衡猜想指出，睡眠是大脑为神经细胞可塑性付出的代价。可塑性这个词语用来描述大脑改变的能力和适应新环境的能力，大脑细胞可塑性使我们能够通过经历进行学习，大脑非常善于通过识别相似的情形来探测出环境的改变。当我们清醒时，观察环境与我们过去经历过的情况是不是一样，这是通过提高大脑突触水平来增强细胞连接完成的，需要消耗大量的细胞能量。大脑细胞的神经可塑性是压力管理方法中的大脑训练方法的条件，是心身疗法或者放松反应训练能够起效的科学基础。

芭芭拉·弗雷德里克森（Barbara Fredrickson）曾说："你是不断变化着的，这不是指你的衣服或者发型，而是指你内在的核心部分，你作为生命体存在于这个地球上的最重要、最本质的部分。改变是常规，保持不变是极其罕见的。考虑到你内部遵循着这样一种改变的规律，那么你所了解的那个你，实际上是成百上千、上万个细胞组成的你，以及它们在一起工作的状态。其中大部分细胞仅仅会存活几周、几个月。当它们死去后，它们会被新的细胞所取代，这种循环一直持续着，直到你生命终止的那一天。细胞重生的周期根据不同的身体部位有所不同。你的味蕾细胞仅仅会存活几小时，血液中的白细胞会存活十天，肌肉细胞会存活三个月，即使是你的骨头也在不断地变化着。考虑到这些改变，科学家们曾说，你有1%的细胞每天都会被取代，今天有1%，明天是另外的1%，加在一起大概有30%的细胞在下个月的时候就完全不同了。那么，在下个季度你全身的细胞全都变得不同了。看看你自己，以及你的细胞新陈代谢的方式，每三个月你将会变成一个完全崭新的自己。或许你需要花费三个月的时间来学习一种新的习惯或者是塑造一种新的生活方式，这并不完全是巧合，或许我们不能够教会老细胞新的技巧，最好的希望恰恰在于教会新细胞。科学家们曾经以为脑细胞与其他细胞相比是不同的，它们不会改变，它们可能正是细胞的凋亡和重生的编剧主导，是它们让身体其他部位的细胞产生了这种新陈代谢的方式。然而，事实并不是这样。即使是脑细胞的核心部位，也是遵循着这种新陈代谢的规律。你身体的每一个部位都在发生改变，大脑也不例外。更加令人惊奇的发现是，细胞重生的速度，并不是仅仅根据我们所预想的那种规律和时间来进行的，它随着你做了什么和你是如何感受的而发生改变。一个关键的信号告诉你细胞是否凋亡或者生长，比如运动。久坐的生活方式会加速细胞的凋亡，而活动着的或者是运动着的生活方式会加速细胞的重生，这对于你的身体和大脑都是事实。情绪被认为是另外一个关键的信号，消极情绪会促进细胞的凋亡，而积极情绪会加速细胞的生长。在基础的生物医学水平上，我们认为积极情绪是一种生命的给予或是生命的塑造。这些科学的发现，关于身体和大脑在不断变化着的事实，与积极情绪的本质完全一致，也就是积极情绪改变我们，把我们变得更好，帮助我们塑造更美好的明天。"

清醒时学习得越多，细胞干扰会产生越多。如果我们一味加强连接，增加大脑细胞的活动数量，最终学习的能力将会饱和，我们将不能够区分有意义的信息。在我们所处的环境发生混乱时，我们要区分有意义的信息，神经元需要有选择地进行工作。睡眠允许我们有重新恢复突触的能力、储存感觉神经元对更重要的刺激做出优先反应的能力、神经动态平衡以及学习的能力。

睡眠剥夺是指不让人正常睡觉，会使人们对压力事件更敏感，这和失眠等睡眠障碍出现的主观原因不同，是被动、客观的不能正常睡觉，上班、上学不能睡到自然醒就是睡眠剥夺的典型例子。睡眠剥夺会让我们经历更多的压力，睡眠的质量和数量可以影响我们如何对压力事件做出情绪反应，一个常见的压力事件会影响做梦的内容和梦中的情绪。如果白天经历了压力事件，那么有时梦中的经历会和原始经历一样让人难受。压力还可以增加惊吓反应，导致人们在夜间频繁醒来，影响睡眠质量，并且在醒来后难以记住做过的梦。压力也可以减少 REM 睡眠，也就是做梦的时期。REM 睡眠是睡眠周期中非常重要的组成部分，后半夜比重会逐渐增多，因此，人们容易在 REM 睡眠中醒来，回忆起做过的梦。如果在睡眠其他阶段醒来就不会想起做过的梦，因此，主观感觉有没有做梦并不能直接评估睡眠质量的好坏。

睡眠在帮助我们应对压力时扮演着重要角色。动物实验表明，小白鼠暴露在两小时持续的压力刺激下，海马活动增加，在海马和杏仁核之间的神经交流方面发生了改变。这些结果表明，持续的压力经历可以导致睡眠结构和神经活动的改变。

另外，睡眠剥夺的个体表现为杏仁核活动增加，还表现出杏仁核和前额皮层之间联系的减弱，这可能会导致出现更多的难以控制的情绪反应，起床气就是非自然醒时情绪瞬间失控的表现。睡眠剥夺的成年人将来会有更大的患病风险，这往往是被忽视的或没有引起足够重视的隐患。

研究者在最近的一项研究中发现，当给予一组缺失整晚睡眠的人与一组正常睡眠的人图像干扰时，前者大脑中的杏仁核有更多的活动。这表明当睡眠剥夺发生时，即使健康人的大脑也会出现一定的病态。睡眠剥夺可以影响人体许多的核心神经结构，整晚的睡眠剥夺在接下来的一天里将减少对人体大脑前额区域的血液供给，从而使人们在应对复杂任务时表现较差。大脑的前额区域对执行功能和抑制过多的压力相关的杏仁核驱动尤其重要。年轻人在急性睡眠剥夺后表现出较少的不良反应，与老年人相比，年轻人更容易适应慢性睡眠剥夺。现在"90 后""00 后"熬夜日趋严重，有些人觉得自己年轻身体好，而且长期熬夜也并没有出现太大的不良反应；另外一些稍微有意识的年轻人则一边熬夜，一边敷面膜喝枸杞来养生，这甚至成为年轻人中的潮流。

真实的结果不容乐观，这些方式不能避免慢性睡眠剥夺的长期不良后果。睡眠剥夺会降低大脑奖励区域的活动,导致个体需要更大的刺激来感受奖励的感觉,类似吸毒后出现冲动行为和寻求奖励行为增多的表现。

一项研究对比了睡眠充足的人与在压力下出现睡眠剥夺的人,发现前者在杏仁核和内侧前额皮层间的连接拥有更强的功能,睡眠剥夺的人则表现出杏仁核和自主神经脑干区域之间较强的连接。这些结果表明,在压力下睡眠剥夺的人的情绪反应更强烈,控制情绪的能力更弱,从而导致丧失理性和逻辑性。

一项研究发现,睡眠剥夺对风险行为有影响,失眠是许多风险行为的原因。研究者在对4000名学生持续12个月的研究中,控制了年龄、性别和抑郁因素,发现失眠预示着吸烟、酒驾。一项对20000名年龄在10~19岁的青春期人群开展的研究发现,当他们的睡眠障碍与压力负性生活事件结合起来时,与未来的攻击行为(比如持枪)有关。

睡眠剥夺和压力的关系如此密切,如何来调整呢?有个捷径可以选择,那就是小憩,也叫打盹。小憩是一种用来减小与睡眠剥夺相关的神经内分泌以及免疫应激的方式,长久以来被人们所忽视,因为更多人关注的是整夜睡眠如何变好。30分钟的小憩可以降低皮质醇水平,可能通过抑制HPA轴和皮质醇的释放来减少压力。一项研究发现,整夜急性睡眠剥夺的人在30分钟的午觉后就会明显改善其警觉性。研究进一步表明,在整夜的恢复性睡眠后,只有睡午觉的人的免疫系统炎症标志物降低到了正常水平。这说明单纯标准的整夜恢复性睡眠不足以使在睡眠剥夺后发生的免疫改变恢复正常,除非睡午觉。换句话说,睡午觉绝对不是可有可无的。提倡的午觉时间不宜超过30分钟,否则会影响到夜间的睡眠,尤其对失眠的人来说。

一项对 23681 个希腊人开展的研究发现，与美国人相比，希腊人睡午觉相对常见。在健康的男性群体中，短暂的午觉与心脏病死亡率减少显著相关。在日本，办公室的员工也鼓励在工作日进行短暂的午睡。

许多研究发现，小憩对夜班工作有帮助。夜班工作对睡眠节律有显著的干扰，小憩可以帮助夜班工作者避免出现一些负性影响。在夜班工作中有计划地进行小憩，可以减少与睡眠剥夺相关的困倦，改善认知表现，20 分钟的小憩就可以起到很好的效果。由睡眠剥夺造成的疲劳和认知表现下降，对飞行员来说尤其需要注意，睡眠剥夺可以损坏飞行员在飞行中识别问题和有效解决问题的能力，飞行疲劳被公认为是许多飞行事故的原因之一。小憩是运用在飞行员身上的一种有效策略，可以保持并恢复觉醒，避免潜在的负性影响和安全问题。小憩还可以帮助青少年学生群体，众所周知，这一群体一直饱受睡眠剥夺的困扰，压力山大。

总而言之，如果因为工作和环境等原因无法拥有整夜完整的睡眠，策略性的打盹是一种科学方法，可以避免因睡眠剥夺而带来的不良后果。白天的午睡也可以被认为是小憩的一种，因此要控制好时间，30 分钟即可。那么问题来了，一个完整睡眠周期大概需要 90 分钟，如果自然入睡很难控制时间，我们当然可以用闹钟来控制时间，但休息的效果往往不尽如人意，这时放松反应训练就成了一个不错的选择。SMART 压力管理中包含的常规训练时间一般在 30 分钟左右，迷你放松反应训练时间在 5~10 分钟。

综上所述，睡眠和压力之间有着密切的联系，改善睡眠质量是压力管理的重要组成部分，而目前国际上关于失眠的治疗中推荐的睡眠障碍认知行为治疗（CBT-I）方法中就包含了放松的方法，心身疗法和认知行为疗法相结合，是我们的压力管理中针对失眠人群的首选方案，也是恢复自然睡眠的科学有效的方案。

八、压力与衰老

衰老是每个人必须要经历的过程，即使在最先进的科学技术的帮助下，人类也不可能反转衰老的过程。人类的认知功能受到年龄的影响，随着年龄增加，认知控制能力下降，选择性注意力受到损坏。总的来说，与年龄相关的认知损坏，可以通过执行有难度的任务，或者从一个任务转移到另一个任务上被发现。个体表现出的记忆问题的程度如果超出了正常范围会被诊断为认知损害。这些人健忘，判断力较差，一些人可能发展成痴呆，比如阿尔茨海默病，会对每天的生活和常规行动造成干扰。证据表明，衰老、压力和免疫系统相互作用，影响老年人的认知功能。

研究表明，正常衰老与中枢神经系统（CNS）低等级的慢性感染的发展相关，这种慢性免疫激活可以干扰认知过程，甚至对脑细胞造成损害。大脑的常驻免疫细胞小胶质细胞，是大脑中内在的免疫应答的主要调解者，在大脑细胞中对随着年龄增加的感染起了重要作用。在正常成年人的大脑中，小胶质细胞始终维持休眠的监督状态，意味着小胶质细胞对任何伤害或感染起到持续监督的作用，一旦出现问题，小胶质细胞被激活并且快速地对威胁做出对抗反应。当我们衰老时，我们失去了管理大量兴奋神经递质的能力。压力激素皮质醇使神经元对谷氨酸盐敏感，增加大脑中谷氨酸盐受体的数量，会造成过度兴奋和自由基损坏等问题。另外，在压力下人体会减少新的神经细胞的生成。老年人处于慢性压力下会增加皮质醇的释放，导致认知功能下降，将会有更大的发展为痴呆的风险。

在关于衰老的理论中，近来被人们所关注的是衰老和端粒的细胞结构有关。端粒也叫作小帽子，位于染色体末端，在细胞分裂过程中用来保护基因信息不受损失和伤害。端粒的长短和细胞的寿命有关，长端粒的细胞存活得更久，而短端粒的细胞与人类广泛的疾病有关，比如冠心病、骨质疏松和HIV感染。研究发现，人们在慢性压力下通常会出现端粒变短，压力激素皮质醇会抑制端粒酶（一种保护端粒的成分）释放，导致细胞早衰和复制扭曲，也会导致癌症和其他严重疾病的发生。

与衰老有关的另外一个反应是氧化应激反应。有研究表明，压力可以在细胞水平上引起代谢过度激活，导致发生氧化应激反应，氧化应激反应是身体由压力引起疾病的根本原因。一项关于疾病易感性的科学研究表明，照顾患有慢性疾病孩子的妈妈的身体会有低维持性的酶活动和高氧化应激水平，出现血液白细胞端粒变短的概率要比没有压力的妈妈高出10倍，即有压力的妈妈免疫细胞的衰老速度比没有压力的妈妈免疫细胞的衰老速度快10倍。

一些方法可以延缓血液白细胞的衰退，其中就包括正念冥想，起到减少氧化应激和缓冲衰老反应的作用。另外，冥想、瑜伽这些心身疗法，可以在不借助任何药物的前提下使细胞端粒延长。大部分的冥想都能引起放松反应的生理状态，代表了一种与压力反应正好相反的状态。在冥想状态下，细胞过度工作减少了，伤害也随之减少。我们观察冥想者血液白细胞中被激活和被灭活的基因，发现那些与先天、即刻感染（快速开始的对抗微生物或者创伤威胁的免疫反应）反应相关的基因，以及那些与细胞衰老和氧化应激相对应的基因均被灭活了。那些与细胞生产能量需要（主要是氧和葡萄糖）相关的基因被激活了，因此氧化应激和慢性感染反应都减少了，血液白细胞中的基因表达改变为更健康的形式。

一系列冥想式的方法还能够减弱压力导致的疾病易感性。这些方法减少交感神经系统驱动，增加副交感神经的作用，引起血压、心率和呼吸节律下降，耗氧量也随之降低。因此，在压力管理干预中，冥想是重要的组成部分。

大家想必听说过有史以来世界上持续时间最久的有关成年人生活研究的哈佛76年幸福实验。在76年间，研究人员追踪了724位男性，得出让我们保持健康和幸福的结果是：良好的关系让人类更快乐，更健康；社会连结对我们有益，而孤独却有害。冥想中的一些方法，尤其是正念觉察式冥想和当下式放松反应训练，可以有效地训练我们与他人联系的能力，比如同理心、感激心等，从而实现良好的社会连结和人际关系，提高我们的健康水平。另外，一些觉察方面的练习，比如人际关系网等，也会起到辅助作用。

总而言之，压力会加速人类的衰老，尤其是大脑的衰老，而心身疗法是延缓衰老最安全、方便、有效的方法之一。

九、压力与抑郁

有大量证据表明，压力和抑郁是相互影响的。这里要介绍两个重要机制，第一个是自上而下机制，主要体现在压力对免疫系统的影响。所谓自上而下，是指通过心理活动引起的在大脑皮层中发生的一系列反应，前扣带皮层、前额皮层和岛叶皮层参与其中，这些皮层区域整合各种信息来保持内部器官的平静，并发送信号给身体的各个部位，包括心脏、肺、肠、肌肉和组织。

许多疾病的发生，比如高血压和消化性溃疡，有一部分是和每天生活中出现的压力源有关。在压力下，中枢神经系统和免疫系统之间有着丰富的相互交流，中枢神经系统能够以多种方式影响免疫系统，其中一种是通过单核-巨噬细胞，它是压力相关信息的首要接收者，也是发起免疫应答的关键成员。

已有的研究建立了中枢神经系统、免疫系统和多种精神心理症状之间的联系，研究最多的就是抑郁症。抑郁症是压力相关精神心理障碍的代表，以损害心理觉醒作为一部分症状表现。有很多文献表明，抑郁症是由压力触发的，关键特点是感到悲伤和丧失兴趣，注意力集中和心理觉醒下降也经常发生在抑郁症患者身上。那么压力事件是如何导致抑郁发生的呢？研究者得出了一种叫作习得性无助的理论。这一理论是从观察的现象中发现的，当经历了延长的或者重复的压力事件后，人们不能改变现状，从而不再努力从恶劣环境中逃离。当抑郁症患者经历过重复的失败而无可奈何时，表现出相似的习得性无助行为，这种频繁的无助导致患者对解决问题的低动机性，也就是患者缺乏内在动力去解决问题，能力和行动力变差，变得懒惰、拖延并令旁人无法理解。

第二个重要机制是自下而上机制，即躯体不适对大脑造成的影响。身体各个组织和器官的刺激能够影响大脑信息的处理过程，身体通过神经系统对大脑传递正在发生的事情或者挑战产生的信息，包括躯体，比如皮肤、骨骼肌、关节和内部组织的信息，然后大脑对周围器官和身体发出指令，对这些事情或者挑战做出应对，这种信息回馈环路在大脑和周围组织器官之间保持着动态平衡。人体的健康水平依靠着身体器官和大脑之间有效的信息交换得以实现，这种信息交换伴随着自主神经通路被激活，通过释放激素产生加速或者抑制信息交换的作用。大脑中产生改变的同时也反映了患者的心理状态，比如注意力集中或者发现压力，信息通过自上而下传递，从而调节自主神经系统、神经免疫系统和神经内分泌系统，并迅速通过身体表现出来。由于传统医学的局限，导致我们对大脑的了解一直很模糊。中医将大脑的很多功能归为心的功能，比如心主神明，很多人认为心理情绪大多与心有关，比如伤心了会心痛，但心理情绪更多是大脑产生的功能和表现。这也是压力管理需要大家了解脑科学，需要从训练大脑的角度进行干预会取得良好效果的原因，心身疗法是减压最好的方法之一。

心身疗法包含了自上而下和自下而上两个调节机制。

比如特定大脑结构被激活，尤其是前扣带皮层、前额皮层和岛叶皮层，它们可以改善左右脑半球之间的信息平衡；边缘系统效率功能提高，脑干对心理和生理应答的精细调节效率功能提高，内部器官更加平衡；激活细胞在环境压力下调节特定基因（比如生长因子和激素）等。

比如渐进式肌肉放松是多种器官活动激活的（比如减少的肌肉紧张、降低的皮肤温度以及下降的血压）自下而上神经通路，将信号输送给大脑；人体通过集中注意力和有意放松来激活自上而下神经通路，输送信号到关节和肌肉进行放松。

在这些机制的基础上，心身训练科学地通过对多个层面的影响来促进身体动态平衡。从基因表达（分子水平）层面影响皮层脑区，反过来皮层脑区也可以影响基因表达。心身训练通过这种互相影响来调解身体对内部和外部的挑战，包括对压力做出的系统反应。

通过整合太极、气功和瑜伽里的呼吸、身体姿势和动作等，将骨骼、关节、肌肉和呼吸器官产生的系统影响和对大脑的直接影响结合起来，诱导身体和心理发生改变。这类运动成为一个新的运动分类——冥想式运动，我将在下篇中加以介绍。

十、从压力中获益

在大部分国家的文化中，压力被认为是不好的、有害的。如今社会生活节奏加快，人们总是在抱怨压力太大。美国加州大学伯克利分校的丹妮拉·考费尔（Daniela Kaufer）教授的研究团队却告诉我们，中等强度、短期的压力刺激对人类是有益的，这种压力会改善我们的警觉性和表现力，提高记忆力。

丹妮拉·考费尔教授的团队研究了压力对小白鼠的影响，主要观察小白鼠在压力下大脑海马部位干细胞的生长情况。海马是压力引起应激反应的脑区之一，这一部位对学习和记忆非常重要。他们发现，当小白鼠被暴露在中等强度的压力刺激下时，短期内（几小时内被固定住不能动）它们的海马区域的干细胞受到刺激，会形成新的神经元或其他脑细胞。数周后，小白鼠的学习和记忆能力得到了改善。这一研究表明，在压力刺激下，大脑会重新形成一些特定的、新的细胞。然而，当小白鼠被暴露在慢性压力中，或受到较大压力刺激时（被固定住不能动，又感觉到有捕食者前来），海马区域的干细胞生长就会受到抑制，从而影响重新生成的脑细胞的数量。

科学家们认为人类也存在类似的情况。当压力强度处于人类能够处理的强度范围内时，这种强度的压力会提高人类的警觉性、表现力和记忆力。这些在自然界的动物身上也能理解，假设一只动物遇到捕食者后成功逃脱，记住什么时候在哪里遇到了捕食者是非常重要的，这可以有效避免它再一次身陷相似的危险中。对人类来说也是如此，比如你正在走路，突然有劫匪袭击了你，你会记住在哪里和什么时间遇到劫匪，今后会避免在同样的地方遇袭。相反，如果大脑持续地对压力做出反应，强度较大的压力或慢性压力就会对人造成不良的后果。

适当的压力是好事，一些压力不仅能让我们活着，还能让我们在执行任务时有所表现，改善我们学习新技术的能力。美国心理学家罗伯特·耶克斯（Robert Yerkes）和约翰·多德森（John Dodson）最早对这一观点进行了科学分析，他们测量了面对挑战时人们的表现，这些人的大脑和身体因为任务变得机警，或者被唤醒。他们的研究结果总结为一个简单的唤醒与表现关系曲线，也被称为耶克斯—多德森定律。唤醒是一种状态，大量激素分泌增加了身体的肌紧张、心率和感受性，这些是当身体在生理和心理方面遇到挑战或者有压力时达到的状态。从曲线可以看出，最好的表现由中等程度的唤醒达到，如果没有唤醒、唤醒过少或者唤醒过多，就会形成坏的表现。高水平的压力不仅会减少表现力，还会让身体产生痛苦或疾病。在中等程度的唤醒状态下，人类功能表现良好，甚至会从压力中获益，被称为良性应激反应。

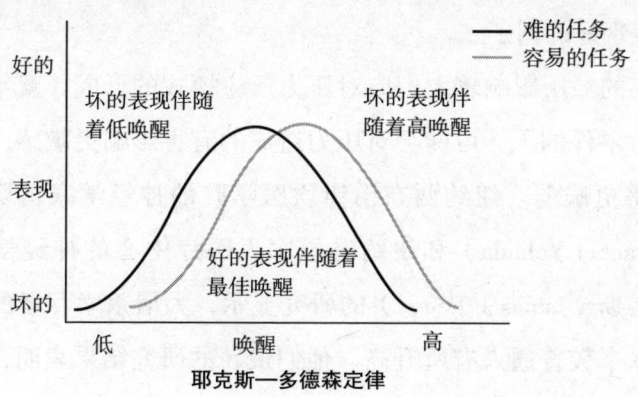

耶克斯—多德森定律

那么，压力强度多大时会对我们造成危害呢？每个人对压力的反应是不同的，同样的压力事件，对有的人来说是能够处理的，而对另外的人来说可能就属于强度较大的压力了。造成这种差异的原因，部分取决于人们对压力的不同看法。与把压力当作坏事的人相比，有自信且心理弹性较好的人，能够更好地管理压力，能对压力做出更加适当的反应。另外一个影响因素是控制，如果人们对压力下的局势有某种程度的掌控，压力对人们造成的危害就会小一些。比如，任务完成的期限很短是一件有压力的事，如果你感觉自己有能力在期限之前完成任务，那么压力对你来说就不会造成危害；如果你感觉自己没办法按时完成任务，那么压力就容易造成危害。

在压力下能够表现好的一个秘诀是有足够的练习。记住10000小时的规律，对掌握任何技术来说，足够的练习能把你置于一个舒适的地带。通过RR训练来缓解过多压力反应对人体造成的影响，尤其是在紧急情况下实行的紧急压力事件应对训练，也会让我们进入舒适的地带。这个地带叫作高表现地带，是所有运动员在竞赛中想要达到的状态。同样的情况也适用于学习瞄准射击的士兵，也可以发生在演出、下象棋和在大量听众面前发表演讲时，这些都是在压力下表现好的例子。

童年的经历影响着人们应对压力反应模式的形成。童年经历过很多压力事件的人，可能会对压力造成的有害影响更敏感，在压力下表现得更脆弱。纽约西奈山伊坎医学院的神经学家雷切尔·耶胡达（Rachel Yehuda）和纽约退伍军人医疗中心的神经学家詹姆斯·彼得斯（James J. Peters）的研究显示，大屠杀幸存者的压力激素分泌水平较普通人有所升高。他们最新的研究结果表明，这些人后代的压力激素分泌水平也比普通人高。

压力能够集中人的注意力，帮助我们战胜困难，达成目标。遇到压力挑战时的兴奋与面对可怕威胁时的痛苦相对应，前者为我们提供生活的乐趣，经常会促使个人发展进步。而痛苦与害怕失败、不能实现的希望相连接，会导致人们产生被剥夺的感觉。

遇到压力挑战时的痛苦会让人感到失败和受挫，这种失败的感觉进一步引起习得性无助，最终使人抑郁。当一些人面对想要躲避的压力源时，就会进入一种无助、没有希望的状态，这与皮质醇分泌过多有关。一些学者认为，这种在面对不可避免的压力时倾向于采取消极防御的策略叫作保留—撤退策略，来自想要保留能量的内在动机。当我们因为慢性压力造成的抑郁而痛苦时，我们会经历一系列症状，比如睡眠质量差、兴趣下降、快感降低、无望、无助、无价值感、疲劳、注意力不集中、食欲下降和体重减轻、易激怒或者反应迟钝、有自杀想法等。

我们将压力看成是一种威胁还是挑战，与习得性无助还是习得性乐观的潜在因素相关。当我们面对压力时，能够将乐观的、目的性的和有意义的勇气激发出来，我们会增加成功的机会，并增强心身弹性，在这种情况下压力会变为一种积极的动力。

压力可以服务于积极的一面。改变和挑战迫使我们调动自我达成目标，帮助我们学习和成长。对大脑来说，管理压力就像通过锻炼塑造肌肉一样，找到适当的平衡点是关键。带着压力可以更好地生活，压力太少或者没有压力，会使人感到无聊或无精打采，这样的生活也不是大家想要的。

第二章
什么是 SMART 压力管理？

一、本森亨利心身医学研究所的发展历史

哈佛大学医学院麻省总医院本森亨利心身医学研究所（Benson-Henry Institute for Mind Body Medicine, BHI）成立于1988年，是专门研究心身医学的机构。研究所最初隶属于波士顿的以色列女子医院，2006年因其在心身医学领域卓越的贡献被纳入百年名院——麻省总医院（MGH），归于精神科名下（美国医疗系统中的心理科、心身医学科等归于精神科），作为专题中心服务于整个医院的医疗体系。MGH的精神科堪称全世界精神科医生的朝圣之地，在过去21年的全美医疗专科评选中，MGH精神科18次荣登榜首。

BHI由赫伯特·本森教授建立，他在世界心身医学领域处于引领的先锋位置。本森教授毕业于哈佛大学医学院，现在是哈佛大学医学院著名的心身医学教授。自20世纪60年代起，本森教授就一直在心身医学的科研前沿工作，而那时的大多数人还不知道心身医学是什么。

作为一位年轻的心内科医生，本森和他的同事们通过研究压力对血压的影响，为心身连接建立了科学的基础。在当时，压力可以影响身体健康的观点在整个医疗系统中是完全不被接受的，因此本

森也被称为美国医学界先锋一代的代表人物之一。同样属于先锋一代的人物还有正念减压疗法（MBSR）的创始人乔·卡巴金（Jon Kabat-Zinn）教授。卡巴金教授是麻省理工学院的分子生物学博士，而后在麻省大学医学院创立了正念减压中心。正念减压疗法起初是在牛皮癣病人身上发现有疗愈作用的，进而发现正念可以帮助病人缓解疾病，很多皮肤病与压力因素密切相关。

压力反应也叫战或逃反应，本森教授和他的同事发现了与这种反应正好相反的另外一种反应——放松反应（Relaxation Response，RR）。人们可以通过冥想等心身训练来减缓代谢，降低呼吸频率、心率以及大脑活动，从而达到 RR 状态。当年本森教授提出 RR 的这本书一经出版就一举拿下了全美畅销书排行榜的第一名。

通过进一步研究，本森教授和他的同事们明确了诱发放松反应的两个基本步骤：（1）重复的声音、词语、段落、祈祷或者活动；（2）将出现的干扰想法放在一边，回到之前重复的状态中。

同时他们也发现，人们可以通过练习多种 RR 训练，比如重复的祈祷、气功、太极、瑜伽、渐进式肌肉放松、冥想和腹式呼吸等来诱发放松反应。

RR 训练是 SMART 压力管理方案的基础，诸多研究表明，合理有效地使用 RR 训练，可以帮助人们疗愈由压力引起的或者加重的问题和疾病。

在本森教授的带领下，经过许多人的不懈努力，如今 BHI 已成为世界心身医学研究者和临床工作者向往的圣殿。而今，本森教授已有 83 岁的高龄，仍然每天上班，并且保持着一定量的接诊频率，他本人的精神状态就是 SMART 压力管理效果最有力的证据。

二、SMART 压力管理的发展历史

SMART 压力管理（即压力管理、心身增弹训练）是由 BHI 在 40 余年的临床实践经验基础上研制出的一套切实有效的、针对压力和情绪进行管理的系统干预方法，旨在提高人们的压力应对能力，更好地调节情绪，从而增加心身弹性，保持心身健康。该套方法的提出基于 4 点：（1）哈佛大学医学院赫伯特·本森教授在心身医学界里提出的 RR 概念；（2）有关冥想等东方训练方法的科学研究不断增多；（3）有关思想对行为影响的科学研究不断增多；（4）有关积极情绪的研究不断增多。该套方法从心理学和生理学角度出发，对人类在应对压力，尤其是慢性压力时出现的一系列心理和生理的反应做出了相应的训练和调整，增加心身弹性，降低心理和生理反应对人类组织器官造成的损耗。迄今为止，已发表的相关专业论文达百余篇，证实了该方法对压力、情绪和压力相关疾病产生的积极作用，其中包括 2006 年和 2015 年通过科学研究发现的 SMART 压力管理对大脑功能结构和基因表达方面的积极影响。

从干预形式上来说，SMART 压力管理可以采用专业人员培训和自我训练相结合的方法，专业人员培训可以采用一对一的方式，也可以采用团体培训的方式。SMART 压力管理在本森教授提出的 RR 概念的基础上，融合了冥想练习、思想对行为的影响以及积极情绪的研究结果，通过 RR 训练、压力觉察以及生活中的健康策略制定等，形成了一个独特有效的模式，减轻人们的压力反应，最终增加人们的弹性水平，获得健康的能力。该方案重点在于教授人们不同的压力训练技术和方法，真正做到授人以渔。

弹性水平主要体现在以下几个方面：

- 压力的觉察能力。

- 诱发 RR 的能力。
- 识别负性思维的能力。
- 创造适应性想法和积极预期的能力。
- 体验快乐的觉察能力和对每日生活的感激能力。
- 通过社会支持、同理心和亲近社会行为（帮助他人，比如担任志愿者）形成一种与社会相连接的感觉的能力。
- 形成健康睡眠、健康饮食和科学锻炼的习惯。

当今社会，人们对压力管理方法的要求要满足以下四点：（1）科学有效（不需要耗费时间去筛选方法）；（2）简单方便（对时间、场地等要求不多，最好随时随地可用）；（3）不占用过多的时间（最好在原有每天的工作生活中完成，不增加额外的负担）；（4）安全放心（无副作用）。

SMART 压力管理满足以上四点要求，成为当今社会人们"减压"的方法之一。

三、SMART 压力管理的基本内容

（一）SMART压力管理相关概念

1. 压力反应

应对压力是人类的一种本能，与人类的进化发展密不可分，这种本能反应就是战或逃反应（Fight-or-Flight response），也叫压力反应或者应激反应。该反应在1915年由哈佛大学的生理学家怀特·坎农（Walter Cannon）提出，用来描述所有动物对恐惧做出的本能反应。动物实验中的小白鼠当遇到突然出现的威胁时，表现出一种神经兴奋性的反应状态，用来逃跑或者准备战斗，总而言之，为了能够活下去。人类的战或逃反应也是如此，该反应是指人类在感受到

真实的或想象的潜在危险时产生的一系列生理变化或生理反应。人类的身体会重新分布资源，关闭消化系统，重新分布血液，将血液输送到四肢主要肌肉群，准备应对危险，其结果是或者战斗，或者逃离。我们可以明显地感受到其中的一些变化，比如呼吸加快、心跳加快、手掌出汗、口唇干燥、身体颤抖等等，与这些生理反应相对应的心理和情绪的常见反应有紧张、恐惧、气愤等等，甚至产生与之相关的思维混乱、想法幼稚、认知模糊等。

这一系列生理反应主要是指当真实的或想象的威胁情况发生时，会激活身体里的交感肾上腺髓质轴（SAM）释放儿茶酚胺，同时下丘脑皮层肾上腺轴（HPA）分泌肾上腺皮质激素来共同产生能量应对威胁。当我们深夜在陌生的城市遇到抢劫时，或者在老板面前发表重要的报告时，或者和配偶因为经济问题发生争吵时，我们的大脑通过感觉来评估情况。我最后一次经历这样的事件是什么时候？我现在能应对吗？当一种情况让我们感觉到对安全有威胁时，就会进入压力模式，各种行为相继发生。

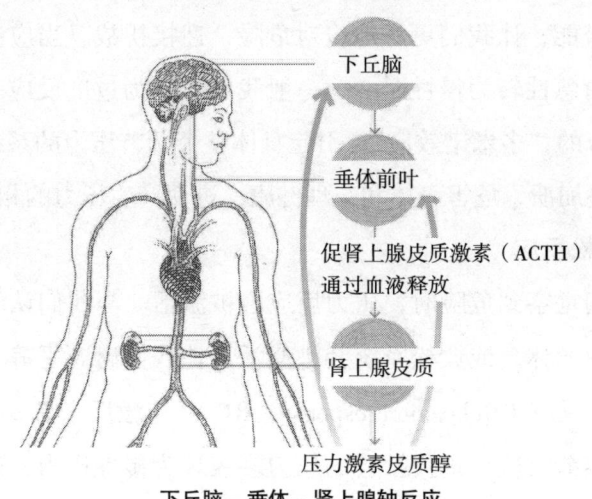

下丘脑 – 垂体 – 肾上腺轴反应

首先，身体对能量的需求从慢性需求转换为急性需求，特定动作导向的肌肉需要更多的能量，肺需要更多氧气。疼痛的敏感性变得迟钝，流血的可能性减小。下丘脑被杏仁核和垂体发出的信号刺激，使位于肾脏上部的肾上腺警觉，肾上腺髓质做出应答，大量释放出一种叫作肾上腺素的儿茶酚胺。这种神经递质开启了压力反应，脉搏加快，以输送更多的血糖和氧气到肌肉、肺以及大脑来保持警觉。血管收缩，纤维蛋白原帮助血液凝固。肾上腺素促进糖原转化为葡萄糖并分解葡萄糖，促进脂肪酸释放，补给能量，这种能量可以用来对抗身体正在承受的压力。因此，身体对压力的反应体现了大脑对环境刺激的反应。第二波防御随即通过 HPA 轴出现，引起压力激素皮质醇的大量释放。皮质醇的作用是储存能量，把食物转化成糖原和脂肪储存起来。

一般情况下，当危险消除后，应激反应会自动解除，同时另外一种本能反应——放松反应——来帮助我们恢复自然状态。压力或者应激反应一般不会对身体造成太大影响，在有些情况下还可以调动和激发潜能，让我们更好地应对危险，迎接挑战。当应激反应过于强烈或由急性转为慢性时——一般我们称之为过度反应——会引起生理调节的"多米诺效应"，引起身体整个调节压力的系统过度消耗甚至最终崩溃，危害身体和心理健康，进而产生压力的相关疾病。

2. 放松反应

当我们觉察到危险时，压力反应会被激活。当我们认为没有危险时，体内的休息或放松系统会被激活，让我们感到平静，这种反应就是放松反应（Relaxation response，RR）。应激反应与放松反应都是人体的本能反应。现代社会的压力多表现为慢性压力，刺激长期存在，单次刺激强度减弱，导致应激反应虽然存在，但帮助解除应激反应的放松反应不再自动产生,或者作用不如以前强了。如果我们可以人为地诱导出放松反应,或者通过训练提高放松反应的能力,那么应对压力的能力自然能够提高。随着医学的发展,尤其是分子生物学和脑科学的发展,赫伯特·本森教授团队的研究成果给我们带来了惊喜。经过 40 余年的研究,他们不但证实了通过诱导和练习放松反应可以提高应对压力的能力,还开发出一系列人为诱导放松反应的方法,以及放松反应训练的方法,统称为 RR 训练。

　　RR 训练可以减轻肌肉紧张、减慢呼吸、平稳心率和降低血压。从分子水平来看,RR 训练可以在大脑自我调节区域内促进新细胞生长;从基因水平来看,RR 训练可以让参与应激反应的基因活性降低。如果把我们的身体和心理比作弹簧,可以通过减少身体损耗来增强心身弹簧的弹性。有研究表明,大脑能够针对过去经历过的压力事件留下的记忆发展出预测性的、程序化的反应,因此,我们有效应对压力的次数越多,未来就会应对得越好,这种应对压力的能力是可以通过训练来提高的。

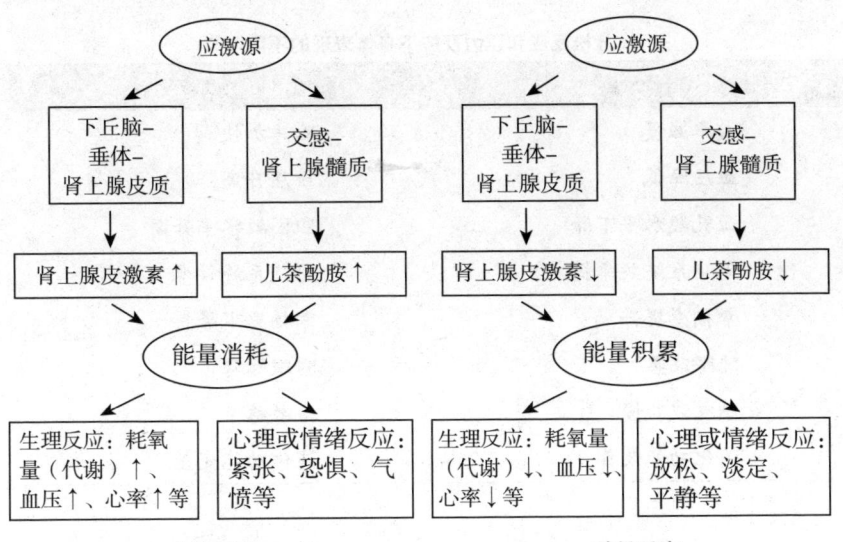

与压力反应相反，RR 训练可以促进放松反应的产生，从而对抗压力所造成的有害反应。练习 RR 训练可以让我们处在一种广泛而深入的放松状态，这种放松状态大家或多或少有过体验，比如练习瑜伽、打太极拳时的感觉，或者反复吟诵一首诗词、听某些音乐甚至祈祷时的感觉等。生活在这个忙碌、快节奏的社会中，掌握 RR 训练技术，在需要的时候能够运用它们，是一件很棒的事情。

通过科学研究发现，RR 训练虽然能诱导出放松反应，但在具体应用的时候又各有不同。比如失眠，许多人认为，失眠与精神心理因素关系密切，这也通过临床研究得到证实。压力大是很多失眠患者来医院就诊时诉说的主要病因，对于失眠患者来说，有些 RR 训练可以促进睡眠，有些却会影响睡眠。所以针对不同的情况，要在科学研究的基础上和专业人士的指导下进行练习，方能取得预期的效果。通过日常练习 RR 训练，可以提高人们应对压力的能力，真正做到生活得有弹性。因此，弹性生活是每个人都能够实现的。

放松反应和压力反应下身体表现的不同

放松反应	压力反应
心率减慢	心率加快
血压降低	血压升高
血乳酸水平下降	胆固醇水平升高
免疫系统效率提高	免疫系统效率下降
幸福感提升	幸福感下降
睡眠改善	睡眠障碍
脑电波减慢	易激惹
消化功能改善	消化功能变差

3. 心身弹簧和弹性

我们的身体和心理健康是维持日常生活的基础，在应对各种刺激时，我们的身体和心理有一整套自然的应对方法，以防止心身出现异常。这是我们的本能，这种能力因人而异，像弹簧一样有一定的弹性范围，超出范围，身体就会出现疾病，包括各种身体疾病和心理疾病。

应对压力的方法就是增加心身弹性。每个人的免疫力不同，好比同样环境下每个人得感冒的风险不同，免疫力就是身体弹性的表现之一。除了身体的弹性，每个人的心理弹性也是不同的，或者说心理承受能力是不同的。举个例子，在同样的压力刺激下，有的人心理会出现问题，有的人却不会。心理弹性越大，应对刺激的能力越强，出现各种疾病的风险也就越小。因此，这里的弹性是指人的身体和心理适应外界各种刺激的能力。生活得有弹性就是通过训练，提高身体和心理的弹性，达到防病治病、提高健康水平、改善生活质量的目的。举个例子，对象是我在哈佛大学时的导师，也是现在的同事和好朋友——约翰·丹尼哲教授。2015年，世界中医药学会联合会中医心理学专业委员会在北京召开了国际学术大会，邀请约翰参会。当我将此事告知约翰时，约翰以为我已经帮他办好了中国签证。当他登机时，才发现没有办理中国签证，这个突发的压力事件让我大脑一片空白，因为在会议的开幕式上给约翰安排了一个重要的主题演讲。第二天是周末，中国驻美国波士顿总领事馆和中国驻纽约使馆休息，如果等到周一就晚了。当约翰在使馆外的一家咖啡馆看报纸时，奇迹出现了，他发现报纸上的一则广告说可以帮人迅速地办理中国签证，但要把护照寄到洛杉矶。约翰算了一下时间，如果他能够在早上7点拿到护照，刚好可以赶上8点多的飞机。虽然时间非常紧张，但一切都很顺利。许多人在听到这件事时会觉得不可思议，因为从波士顿飞到北京要 14 个小时，大部分人会选择放弃，但约翰始终保持着积极乐观的心态。这一点，只要和他共事过的人都深有体会，这也是他自身弹性的明显表现，值得我们学习。这件事后来也常被当作展示弹性的例子，在 BHI 不同的 SMART 压力管理团体治疗中由主持治疗师分享给参加者听。

如果不掌握一些应对压力的方法，人们每天的压力反应将会迅猛地发展，一发不可收拾。前段时间，科学家们还在争论天生和养育哪个对健康更重要，以及遗传与环境哪个更重要的问题，我们对基因理解的革命缩小了这种错误的观点。已有的发现表明，心身弹性不仅可以被基因影响，也可以被环境影响，无论其影响是积极的还是消极的。社会环境可以减少我们的恐惧情绪，对我们产生支持，也可以造成巨大的压力反应和多种创伤，让我们产生恐惧情绪，并在恐惧中学习保持工作效率的方法。研究弹性和提高弹性的能力用以缓解压力的内容被普遍归属于心身医学和整合医学中，无论我们生活在什么样的国家，都可以从这一领域获益。当我们想要尽可能地在充满压力的世界中保持健康时，它可以教会我们关于健康的知识，以及如何最好地保持健康的方法。这些应对压力的方法简单方便，所有人都可以有效使用。

4. 从压力中恢复健康是一种能力

如果有人问你什么是健康？你的回答可能是身体没有疾病，心情舒畅，也可能是身体、精神都处于良好的状态。的确，大家所熟悉的关于健康的各种定义大多是在时间轴（过去、现在、将来）上界定的一种静止的状态，例如从内稳态的角度来定义的健康。

内稳态是指人体在生理上维持平衡的状态，人体的体温、血压、血糖等均为内稳态所调控，以内稳态为基础定义的健康指的是身体各项指标都处在正常范围内。然而，保持健康不仅是指身体的各项指标都处在正常范围内,也是一种能力的体现,这种能力是人体(身体+心理)对外界刺激或环境变化做出反应的能力。正如哲学家赫拉克利特(Heraclitus)——《论自然》的作者所写的:"唯一的永恒是变化。"

如果保持健康是一种能力,那么这种能力能够被测量和评定吗?科学家们给出了肯定的答案。我们需要先了解适应性稳态的概念。适应性稳态是身体内部组织器官为了适应外界刺激或环境变化而改变参数来维持生理机能稳定的状态,以适应性稳态为基础定义的健康,是指人体为适应环境变化而做出的反应和出现的波动,这种波动对疾病具有最佳预测性。这与用传统的内稳态来定义的健康内涵不同,以适应性稳态为基础定义的健康强调的是一种能力的体现,充分考虑到大脑所起的调节作用,将健康理解为整个身体对环境做出正常的适应性反应的状态。这样评定的健康具有一定的预测性,即现在健康,将来也可能健康,因为你有能力保持健康。

由适应性稳态进一步引出适应性稳态负荷的概念。适应性稳态负荷是指机体在应对外界刺激(主要是压力)的过程中,由于适应性反应(主要是应激反应)被反复激活而引起的损耗。压力反应本身并不会严重地损害健康,还会保护器官不受损,然而,每次应激反应被激活,都要通过生理调节使机体恢复正常,长此以往,会导致机体损耗,具体表现为系统多功能下降,进一步影响健康,甚至出现疾病。适应性稳态负荷概念的提出,最主要的贡献是将适应性稳态理论应用到慢性压力的成因和对机体的影响上。适应性稳态负荷的评定是通过计算适应性稳态负荷指数来衡量的。适应性稳态负荷指数用来具体衡量和计算机体应对压力时的损耗,进而评定机体的健康状况,它由一系列生化指标组成,主要包括神经内分泌标志物(压力激素、多巴胺等)、免疫标志物(C-反应蛋白、白介素6

等)、代谢标志物(高密度脂蛋白、低密度脂蛋白、血糖、胰岛素等)、心血管和呼吸系统相关指标(血压、心率、脉搏等)以及人体测量指标(腰臀比等)等。

常见的压力反应类型有以下几种。

一种是正常的适应性稳态反应,由压力源引起,持续适当的时间后关闭。

接下来的四种是人体对压力的异常反应,反映了适应性稳态负荷。

(1)重复打击。频繁的压力或多种压力源刺激,引起压力反应反复激活,持续时间过长。

(2)缺乏适应。一个人不能习惯或者适应相同的压力源的刺激,每次受到相同压力源刺激后,都会引起类似的压力反应。

(3)反应延长。离开压力源后,无法关闭压力反应或关闭延缓。

(4)反应不充分。压力反应不足(不充分),人体为了补偿这种不足导致其他系统过度激活。

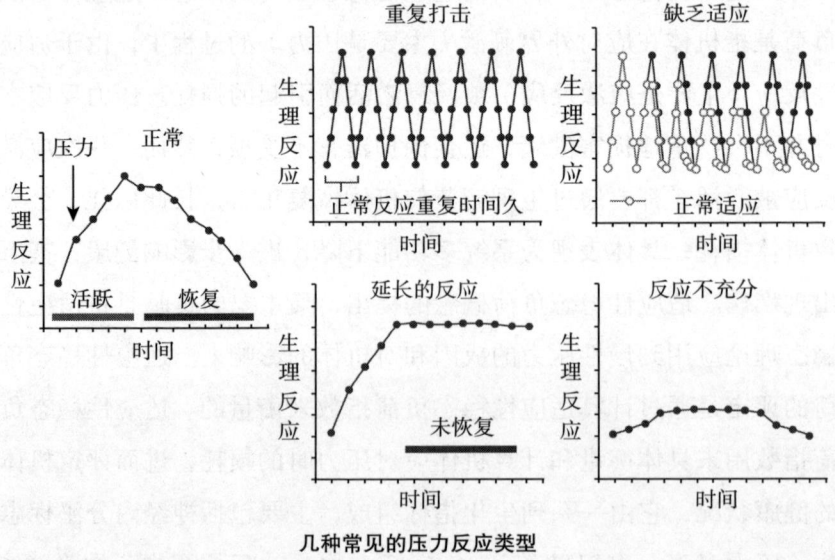

几种常见的压力反应类型

目前，许多科学家认为，压力是人体感知到对安全和内稳态存在威胁的后果。对特定压力源产生的压力反应有特殊性成分，也有非特殊性成分，变量包括对内稳态挑战的性质、对压力源的评估和应对压力时的态度。维持内稳态的适应性稳态调节在压力应对中扮演着重要角色，环境的改变导致人体生理和激素水平的改变，使人们能够以一种安全和有效的方式面对压力挑战，而不会偏离正常状态太久。有关适应性稳态的例子是心率变异性。心脏生理健康的一个评估标准是两次心跳之间的时间间隔，在心电图检测时表现为心脏随着时间延长而出现的适应不同环境的波动。如果心脏不能随着环境的变化而改变收缩频率，表明它在动态稳定性功能方面存在生理缺陷。中等强度的运动可以用来测试身体的适应性稳态机能，预测身体的代谢需求。过度的运动可以通过制造适应性稳态改变导致一系列负面的生理改变，人体可能会脱水，出现低血糖、代谢异常等状况；由于乳酸性酸中毒，肌肉出现痉挛和疼痛，注意力不集中，身体疲劳以及气短等状况。

整个适应性稳态调节过程由大脑进行监督，期间需要消耗大量的能量。如果在应对反复出现的压力时被迫继续消耗能量，人体会因为代谢损耗而感到非常痛苦。适应性稳态负荷是身体被迫适应有害的压力而付出的代价。和一般的压力反应不同，适应性稳态允许人们在压力的反应中存在优势的反应部位或系统。比如，有的人在面对压力时血压容易出现改变，这些人的优势反应系统就是交感神经系统；有的人在面对压力时容易经历低血糖或者情绪悲痛，肾上腺髓质就是优势的反应部位。通常有三种适应性稳态压力反应类型。第一种是，压力源和压力反应可以很好地配合身体，回归内稳态（通过适应性稳态实现的心身弹性）；第二种是，一种过度兴奋的、持续的反应状态可能导致人们进入危险地带（由于适应性稳态负荷造成的疾病）；第三种是，压力源和压力反应匹配的最好结果是身体产生一种新的、强的设置（创伤后成长或者抗脆弱性强）。虽然压力对人体造成的威胁很大，但人们发掘出自身的内部力量，在面对压力时变得更加明智和强壮。

早期的压力激活或者持续时间过长，可以引起过度激活的压力反应而很难停止，这种过度反应增加了身体高水平警觉状态的风险。如果处于这种状态中，就表示我们对周围环境、与他人的互动以及自己的想法更容易诱发压力反应，也就是说，对刺激的门槛降低了。面对同样的压力刺激，别人没什么反应，而我们就会反应过度，这种反应可以表现为躯体不适，比如头痛、心慌、胃胀等，也可以表现为易激惹、容易与人争吵或胡思乱想等。

早期加拿大生理学家塞里（Selye）用三个阶段来描述压力反应：（1）预警阶段，急性压力反应被激活；（2）抵抗阶段，身体努力回到之前的稳定状态（内稳态），但是对威胁的感知仍然存在，因而导致压力反应持续进行；（3）消耗阶段，压力持续时间过长，身体不能正常运转，器官系统衰退。

人类对于适应性稳态机制的调动，是以不同个体有着实质性差异为基础的，这些差异体现在基因、社会经济状况（教育、工作、收入等）、行为因素（饮食、吸烟、运动等）、社会心理因素（社会支持、压力等）上。这些因素共同决定了个体对压力的反应弹性，即我们所说的保持健康的能力。以上四方面因素均可以直接影响适应性稳态负荷，而前两者又可以通过作用于后两者对适应性稳态负荷造成影响。这种健康的能力不仅受先天因素（基因）影响，也受后天因素（行为等）影响，而通过压力管理的后天训练就可以提高这种保持健康的能力。

（二）SMART压力管理四要素

在过去的十多年中，中国一直有人在压力管理和减压领域做着一些工作，并取得了一些成果，其中大部分人是从心理学、社会科学等方面着手。这也不难理解，很多人认为压力属于心理学范畴，但与其他心理学命题相比，压力是比较特殊的，严格来说，压力属于心身医学领域。压力反应这种生理反应的产生和存在与医学有着密切联系，但医生很少参与压力管理的工作。在中国，心理工作者在压力管理方面多运用心理疏导的方法，也有些人用鸡汤式的讲道理方法，都有一定效果，但就像一些人吐槽的那样：道理谁都懂，就是做不到。甚至有些压力大的人的工作就是给别人减压，道理讲得比别人更好。单纯的心理学方法在解决压力问题方面是不够的，现在流行的几种压力管理方法，都和医学有着密切关系。MBCT产生于MBSR基础之上，MBSR的创始人卡巴金教授是分子生物学专业的博士，而SMART压力管理的创始人本森教授曾是哈佛大学医学院的心内科医生。在这些方法中都运用了大量的心身疗法，融合了四个关键要素，即情绪、认知、行为与躯体或生理反应。SMART压力管理方法也围绕着这四个要素展开，解决了这四方面的问题，压力的问题才能得以解决。不同的人在压力下的表现可能以某一方面或某几方面为主，这是制定个性化压力管理方案的基础。

1. 情绪

在压力下人会出现多种负性情绪，比如焦虑、抑郁、恐惧、烦躁等，其中恐惧是四种基本情绪（恐惧、悲伤、快乐、愤怒）之一。恐惧是一种强烈的情绪，它可以快速激活压力反应。两种主要的神经递质参与其中：去甲肾上腺素和谷氨酸盐。这两种神经递质增加了一些关键区域的活动，包括前额皮层、感觉皮层、丘脑、蓝斑、杏仁核和海马。大脑的恐惧反应是怎样的呢？PET扫描显示大脑恐惧反应区域在左侧杏仁核（上部中心左侧）上，杏仁核是大脑的应激中心和压力反应中心，社会不适和躯体疾病会在大脑中产生应激反应，前扣带皮层在"身体—社会"引起的痛苦不适的重叠中起着重要作用，而右腹内侧前额叶则用来帮助缓解痛苦不适。

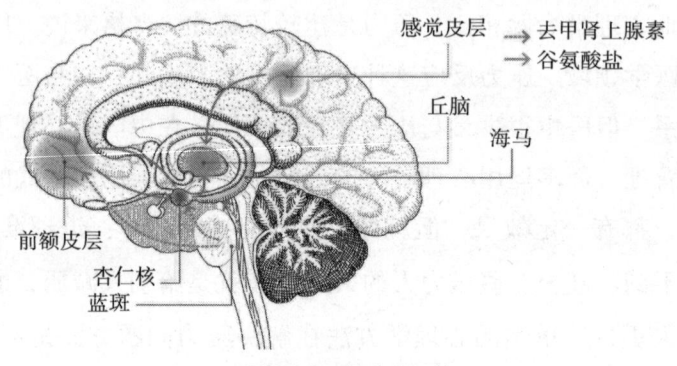

恐惧反应下的大脑调整

大脑中有一些区域专门用来保护我们的社会依恋，其中最主要的部位是前扣带皮层，它是旁边缘系统内侧前额叶皮层的一部分，这一区域帮助我们制定是否躲避或者靠近某人或某样东西的决定。

另外一种和压力有关的情绪调节因素是社会依恋。作为哺乳动物，人类为了能够生存下去，依赖于社会养育和支持，因此分离的挑战和威胁是人类压力源的核心元素。比如哺乳动物行为三联征中表现出来的，当遇到危险的分离时，所有的婴儿都会哭泣，而调节这种依恋的脑区是前扣带皮层。负性情绪是大脑和身体产生的信号，表明我们感受到了分离威胁或者依恋丧失；积极情绪则反映了我们的安全性社会依恋。

内侧前额叶皮层和海马对杏仁核驱动的压力反应提供了一定程度的自上而下的控制。因此，大脑的这一部位是压力生理反应的最主要的调控者。当我们面对分离威胁时，包括家庭或房子的威胁，杏仁核将会感知到并且向我们发出预警。在依恋基础上的安全状态下，内侧前额叶皮层为我们制造了有回报式的平静状态。

2. 认知

在压力下，每个人最终的应对都集中在制定基本的决策上，关于接近或者躲避压力源。大脑则变成一个独立的特别的器官，为了更有效地制定决策，而对疼痛的感受、快乐起来的能力和记忆成为代表我们决策制定能力的标志。

我们可能会负面地思考过去所经历的痛苦；可能会负面预期将来会经历的痛苦；也可能运用过去积极结果的经验来对将要经历的痛苦进行乐观的评估，有能力减少负面情绪反应和减少预期的压力。前两者把即将到来的分离作为一种威胁来躲避，而后者则把即将到来的分离作为一种挑战来克服。

长此以往，一些人变成习惯性负性思维思考者。当面临一个压力事件时，他们可能不由自主地倾向于产生特定的痛苦想法，经常表现为对真实事件的歪曲。这种习惯性的悲观想法会想象灾难无处不在，形成一种由于个人原因（忽略多种其他可能原因）才导致失败的错误认识。

当我们自主地进行负面思考时，伴随而来的情绪是焦虑、抑郁或者愤怒等各种负性情绪。这种负面思考的习惯是可以改变的，由于神经可塑性原理，通过认知行为疗法，我们可以学会逃离这些负面思考的陷阱，在心身训练的辅助下效果会更好。

在认知行为疗法（CBT）中，自动思维可以区分人们是否出现认知偏差，即对事实的扭曲。如果出现偏差，我们可以通过 8~12 周的练习形成一种更加适应的反应来应对，能够改变悲观负面想法的习惯，将其转变为积极的想法。

在压力管理中，我们引入了CBT的部分内容，考虑到文化差异，在应用于中国人群的压力管理项目中，CBT只是六个模块中的一个。

磁共振成像（MRI）模型向我们展示了两个大脑，一个是正在经历疼痛的人的大脑；一个是正在观看经历痛苦的人的大脑。观看者产生出一种叫作同理心的反应，经历者的痛苦感受通过镜像神经元的活动被观看者理解。核磁扫描证实一些相似的大脑区域在同理心活动中被激活，但是产生真实的疼痛感觉的区域（大脑顶部的感觉皮层）并没有被触发。同理心被人们称为感同身受或者是换位思考，在压力管理中同理心被认为是一种重要的、强烈的积极情绪，可以通过训练逐渐培养起来，同理心对良好的人际关系和社会连接的营建起着至关重要的作用，并且能够帮助我们对无法改变的、无奈的结果表示接纳。

压力中的记忆演变过程与海马关系密切。当杏仁核感受到压力源的威胁后，位于海马区域的记忆中心被激活，特别的记忆通路被加强，使人持续回忆，但当压力变成慢性的或者过强的压力时，海马过度兴奋，会导致结构损坏，记忆功能受损。

压力激素（比如皮质醇）也会对记忆功能产生广泛影响，皮质醇能增加记忆的巩固性（在获得记忆之后，新记忆的产物通过记忆通路变得稳定），但是记忆检索功能受损（重新进入之前的编码以及存储的记忆通路中），其中，糖皮质激素受体的敏感性和海马的完整性起着重要作用。

3. 行为

压力下的行为表现多为短期内可以使人产生欣快感但是长期来看对健康不利的行为，比如抽烟、酗酒、暴饮暴食等。在认知行为疗法的认知三角中，认知、行为和情绪三者之间可以相互影响，一般情况下认为一定行为出现的背后，会有特定的认知，然而实际情况并不总是这样，尤其对那些形成习惯的行为表现而言。比如有些人在愤怒的时候会攻击别人，但在拳头打出的那一刻，他的脑子里可能什么想法都没有。对这种情况，通过认知行为疗法找出认知偏差或扭曲的方法就会遇到困难，而运用心身训练，尤其是紧急压力事件应对方法，会起到很好的效果。

4. 生理反应

压力下的生理反应，主要是压力反应和放松反应，这两部分内容前面已经详细介绍过了。压力管理的重要原则之一，是尽量让身体处于放松反应状态中，对应的训练方法叫作RR训练，大部分的心身疗法或心身训练可以看作是RR训练，但各种方法之间又有所不同。

（三）SMART压力管理特色训练——RR训练

RR训练作为SMART压力管理的核心和特色，不仅包括基础训练、常规训练，还有使用方便的迷你训练。这些迷你训练时间短，练习方便，起效迅速，对练习场所无特殊要求，随时随地都可以练习。练习时间5~10分钟，可以充分运用到日常生活的方方面面，改善心身状态，提高生活质量。例如，堵车时，超市排队结账时，参加考试前等，都可以选择适合自己的迷你训练进行练习，迅速有效地缓解压力，降低焦虑，调整负性情绪，从而达到心身平衡。因此，与其他减压方法相比，RR训练可操作性强，受众更容易掌握，接纳度更高，效果更好。

1. 基础RR训练

呼吸训练是RR训练的基础，为什么这样说呢？首先，呼吸是最简单方便、随时随地可以练习和使用的训练；其次，呼吸可以直接作用到情绪中枢杏仁核上，能快速有效平复我们的负面情绪；最后，大部分 RR 训练可以配合呼吸训练来完成，也可以通过呼吸训练进入 RR 状态后再进行练习。SMART 压力管理中常用的两种呼吸训练方法是呼吸觉察和腹式呼吸。

2. 常规 RR 训练

常规 RR 训练包括身体觉察式 RR 训练（单纯的身体觉察式 RR 训练、放松诱导式 RR 训练、渐进放松式 RR 训练）、沉思式 RR 训练（正性情绪、负性情绪）、当下式 RR 训练（关于声音、想法、动作）、爱与仁慈式 RR 训练、领悟想象式 RR 训练、冥想式运动（瑜伽、太极、气功）等。

3. 迷你 RR 训练

迷你 RR 训练可以帮助人们在遇到压力、感到紧张时立刻应对，使压力迅速得到缓解。可随时随地练习，每次 5～10 分钟。可以将便笺贴到电脑、冰箱门上提醒，让迷你 RR 训练成为你的生活习惯。

练习迷你 RR 训练的好机会：

- 堵车时。
- 等电话时。
- 在医院排队就诊等候时。
- 等红灯时。
- 感到难以完成今日的计划时。
- 超市排队等候结账时。
- ……

我们有无穷无尽的机会练习并应用迷你 RR 训练，请充分利用自己的时间！

4. RR 训练的练习要求

（1）什么时候练？

任何时间都可以。对大多数人来说，早饭前或者上午比较好，不要在饥饿时或吃过饭后立即练习。最好让自己形成一种有规律的练习模式。

（2）在哪儿练？

找一个让自己感到安全、安静的地方。

（3）练多久？

理想的练习时间是每次 20～30 分钟，每天 1～2 次。一定要循序渐进，比如第一次练习 5 分钟，下一次就可以练习 10 分钟，直到练完整套练习。重要的不是练多久，而是让练习成为一种习惯，融入自己的生活中。

可以选择一两种训练方法，有规律地练习，一定要找时间做。

5. 如何判断自己达到了 RR 状态？

感觉肌肉放松、呼吸变深变慢、心率变慢、心情平静、深深扎根于大地等，还有一些人随着训练时间的增加会出现唾液分泌增多的现象，这些都是常见的 RR 状态的表现。

6. 初学者常见问题处理

（1）怎样集中注意力？（走神时的应对方法）

开始时注意呼吸，注意某一个词或者一句话的练习会帮助你集中注意力，在练习过程中出现其他想法时不要着急，发现走神后只要重新将注意力集中到练习上即可。

（2）静不下来怎么办？（胡思乱想、焦虑、烦躁等负性情绪的应对方法）

在练习过程中出现紧张、焦虑、烦躁等负性情绪时，不要着急，注意认真感受这些情绪出现时的各种感受，包括身体的感觉，然后重新将注意力集中到练习上即可。

如果有纷繁复杂的念头和想法或者不愉快的图像出现时，不做评判，只是注意自己的想法。注意到自己纷繁复杂的念头和想法是好的开始，表明你已经开始注意到自己需要改变并寻求改变。如果进一步出现焦虑的情绪和感觉，可以关注呼吸或者身体的某一部位，将注意力重新集中到练习上，还可以在手中握住感觉舒适的东西；也可以试着想象能产生积极情绪的美好景象。如果还是不行，就停止练习，做一些能让自己愉快的事情。

（3）做错了怎么办？

当你发现头脑中的想法如此之多并且开始评判这些想法时，你可能已经开始思考自己是不是能做得更好，或者更投入了。注意到你在练习中出现的走神程度是练习的重要阶段，即使在练习的过程中由于太放松睡着了，也是一种自然反应。很多朋友会质疑这样能不能达到练习的效果，对用练习来改善睡眠的朋友来说，这个结果是再好不过的。如果不想在练习中睡过去，可以采用一些方法，比如在练习的同时用一只手有节奏地敲打大腿来保持清醒。

四、SMART 心身疗法减压效果的科学证据

心身医学（Mind Body Medicine）主要运用严谨的科学方法来研究心身疗法的效果，近年来科学家发表的专业学术论文成千上万，并且呈逐年递增的趋势，可见人们对这一领域的关注度在逐渐提高。当然，这也得益于专业人员对"生物—心理—社会"医学模式的认可。在这一模式中，人们认为所有的健康、疾病都来自生物、心理和社会因素的相互作用，人的心理、大脑和身体组成一个统一的整

体——我们叫作整体的人，形成一个整体的人的健康和幸福。

在 1996 年发表的一篇文章中，本森教授的团队用脑电 EEG 检测来评估 RR 训练对中枢神经系统的影响。在该项研究中，选取的 RR 训练练习者均为初次接触训练。结果发现 RR 训练可以显著减少前额皮层的 β 脑电波，β 脑电波一般出现在人紧张焦虑的时候。

哈佛大学医学院莎拉（Sara Lazar）等人在 2000 年发表的一篇文章中用功能核磁 fMRI 检测来评估冥想诱导放松反应的作用，结果发现，人在冥想状态下杏仁核和海马等区域的信号明显增强。杏仁核是大脑中的情绪中枢，海马除与记忆密切相关外，也是参与压力反应发生和调节过程的重要脑区之一。冥想是一种常见的心身训练，它对压力的调节，在改变大脑功能方面找到了科学的证据。

莎拉领导的团队在 2005 年进一步发表了相关文章，来研究冥想对大脑皮层厚度的影响。以前的研究证实了放松反应训练可以改变脑电波（EEG）和情绪压力相关脑区的功能，暗示着放松反应训练对大脑活动的长期影响。可以猜测，以冥想为代表的放松反应训练的作用，可能与大脑结构的改变有关。功能核磁 fMRI 用来评估冥想练习者的大脑皮层厚度，结果发现，在与注意力、身体内感受性、感觉传导相关的脑区的皮层厚度方面，冥想练习者与没有练习过冥想的人相比要显著增厚，这种改变同时也发生于前额皮层以及右侧前脑岛。前额皮层是人类大脑的总司令部，负责制定高级思维活动，是人类区别于其他哺乳动物最重要的大脑部位，而大脑右半球负责消极情感的处理，右侧前脑岛与抑郁症密切相关。与没有练习过冥想的人相比，前额皮层厚度的增加在长期练习冥想者身上表现更加明显，表明冥想可以减缓随着年龄增加而产生的皮层变薄，换句话说，冥想练习可以延缓大脑的衰老。

冥想练习可以改变大脑结构，这些改变对压力管理、情绪调节甚至抗衰老都有积极的意义。

　　本森亨利研究所的约翰团队在 2015 年和 2017 年分别发表了关于心身疗法对肠应激综合征（IBS）和感染性肠炎（IBD）患者的基因表达的影响的文章。肠应激综合征是常见的肠道功能性疾病，人体的总体发病率在 5%～25% 之间，以肠道生理功能紊乱为基础，腹痛、腹泻、便秘为临床特征，尤其在情绪紧张、焦虑、恐惧、压力大的情况下容易发生，而实际上肠道并无炎症。研究发现，心身疗法改变了 IBD、IBS 患者的疾病易感性和疾病治愈相关的基因表达，可以说心身疗法能够减少此类疾病的患病率，同时对患病人群起到促进治愈的作用，这种积极的效果是从基因表达层面获得的证据。这些观察到的基因表达的改变显示，心身疗法对促炎症转录因子（NF-kB）的积极调节是 IBD、IBS 患者应对消极影响的关键。

　　随着脑科学和基因科学的发展，越来越多的研究为心身疗法在压力管理方面起到的积极效果提供有力的证据。这不仅可以指导专业人员更好地将这些方法应用于临床实践，也为普通大众使用这些方法来强身健体赋予了更加科学和具体的内涵，使用心身疗法减压是我们正确的选择。

五、SMART 压力管理在中国

　　SMART 压力管理在美国当地唐人街的美籍华人中得到了运用，通过干预实验的研究，初步证实 SMART 压力管理对华人抑郁症患者的抑郁情绪有一定的改善作用。在实践过程中也发现了一些问题，主要是由于东西方文化差异造成的。比如当该方案中包含的认知行为疗法、幽默疗法和大笑疗法等西方心理治疗方法直接用于华人群体时，运用、理解和推广存在一定的难度。经过分析和研究，最终在 SMART 压力管理基础上编制出适用于中国人的弹性生活系列方案（RL-C），其中包括本土化的压力管理方案（SMART-C）、情绪管理方案（EM-C）、针对失眠患者的健康睡眠方案（HS-C，也叫睡眠管理方案，SM-C）、弹性学生方案（RS-C）和压力情绪管理应用于教育方案等。

其中的 SMART-C 压力管理方案是专门针对压力工作的，主要内容包括对压力的觉察、RR 训练和生活中的适应性策略等，目的是让大家掌握压力管理的各种技术方法，调节负性情绪，增加心身弹性，最终实现弹性生活。由于中西文化存在的差异，中国人相对美国人来说多是比较含蓄的，大部分中国人不太善于直接表达内在的情感。无论是压力还是精神心理的相关疾病，大多以躯体化症状表现出来，比如常见的头痛、心悸、胸闷、失眠、脱发、胃胀、胃痛等。基于这些考虑，在这套方案中增加了放松反应训练的比重，通过身体的训练来缓解负性情绪，调整心理状态。我国的太极、气功等冥想式运动在民间有很好的练习传统，将这些方法纳入 SMART-C 压力管理方案中，既丰富了内容又利于接受。另外，考虑到认知行为疗法部分内容的重要性，仍然保留认知偏差、压力应对日记等内容，减少练习部分在整套方案中所占的比重，幽默疗法和大笑疗法作为备选内容。

最终形成的 SMART-C 方案共有六项内容，即六大核心模块，分别为：觉察压力、认知提升、释放情绪、唤醒激情、关注当下和整合工作生活，采用专家讲座、现场体验、自我训练等形式，既可单独运用又可协同开展。压力觉察方面的内容包括：压力预警信号练习、能量电池练习等。RR 训练包括基础 RR 训练、常规 RR 训练和迷你 RR 训练。考虑到压力源或者压力事件与负性情绪等有时会突然出现，平时练习时间多为碎片化时间，因此强调迷你 RR 训练的训练和应用。迷你 RR 训练单次练习时间比较短，一般 5~10 分钟，起效迅速，作用明显，比如应对紧急压力事件时使用的握拳式 RR 训练。压力与睡眠的关系非常密切，很多人处在慢性压力中的首要表现就是失眠、多梦等现象，因此增加了睡眠迷你 RR 训练的内容，睡眠迷你 RR 训练在晚上睡觉前练习，可以帮助人们放松身心和应对胡思乱想、难以入睡的情况。生活中的适应性策略包括饮食、运动、睡眠等内容，还包括自我监测压力变化，记录练习情况和描述发现感受等配套内容。

根据不同人群和疾病，RL-C 划分为若干方案，其中用于失眠者改善睡眠质量的 HS-C 就是比较有代表性的一个。HS-C 在 SMART-C 方案的内容基础上，参考了用于失眠的认知行为治疗（CBT-I）的内容，将其中 RR 训练部分的比重增加，尤其强调睡眠迷你 RR 训练的练习，将睡眠基本知识介绍、认知重建、失眠药物介绍、睡眠安排技术、刺激限制技术、睡眠卫生教育等内容穿插其中，形成了专门用于失眠者改善睡眠质量的健康睡眠方案。目前，这些适合中国人的压力管理方案初步应用于临床实践，其接纳度、认可度以及临床疗效方面均取得了令人满意的结果，是进行压力管理、改善情绪和睡眠等问题的安全有效的方法。

情绪与精神状态都是常见的压力预警信号，当个体面对压力事件时经常出现负性情绪或者精神空虚的现象，并且在不同程度上影响个体对压力事件的应对以及心身健康。SMART-C 方案干预中的"释放情绪""唤醒激情"模块分别针对负性情绪以及精神状态影响进行处理，帮助释放平时因为工作和生活繁忙或受文化和习惯影响而压抑的负性情绪，同时调动积极情绪，对精神方面的空虚进行填补，使参与者了解压力对情绪和心理造成的影响并掌握应对方法，增强心理弹性。

压力尤其是慢性压力的刺激会对大脑造成影响，特别是参与恐惧和焦虑等负性情绪产生及调节的杏仁核，会产生类似于小白鼠受到惊吓后杏仁核长期肿胀的反应，而 RR 训练可以使杏仁核的体积缩小，因此，要减少或者修复压力对大脑造成的影响，就需要进行 RR 训练，甚至每天练习，因为慢性压力对大脑的影响每天都可能发生。当今社会压力多为日积月累的慢性压力，单次刺激强度明显减小，导致压力反应一直存在，而放松反应不再自动产生了。压力对大脑造成的损伤并不像肌肤等身体表面的损伤那样明显可见，往往容易被我们忽视，日积月累会对身体健康造成损害，导致疾病产生。积极情绪对负面情绪的调节和压力的缓解也起着重要的作用。对于积极情绪的诱发，人们采取的方式比较被动，一般是遇到高兴的事情才会高兴。因此，"唤醒激情"模块强调要主动诱发积极情绪，采用一定的训练方式来回忆、体验、记录、提取积极情绪，变被动为主动，与"释放情绪"这一主要针对负性情绪进行调节的模块相辅相成，两个模块从情绪调节的角度出发，实现了缓解压力、促进健康、未病先防、防病治病的目的。

睡眠障碍也是常见的压力反应，处于压力中的人常出现入睡困难、早醒、多梦等睡眠问题。通过"整合工作生活"模块，调整合理健康的生活方式，使工作和生活达到平衡，整体促进心身健康。恢复自然睡眠黄金三原则通过行为调整的方式，顺应自然的睡眠节律，帮助参与者达到健康的睡眠模式。同时与 RR 训练配合，减少失眠与负性情绪之间的相互作用，解决因情绪问题引起的睡眠障碍，以及因睡眠障碍而加重的情绪问题。

虽然六大模块各有针对性和侧重点，但各个模块相互作用，通过认识与觉察压力，改善应对压力的认知，解决面对压力的情绪问题，激发积极行为与情绪，形成健康的生活方式，促进身心健康，使身体和心理达到协调、统一、平衡的状态，实现心身弹性与睡眠质量的共同提升。

下篇

SMART-C
压力管理

模块一
觉察压力

平静的湖水会反射出周围景物的美丽。当心灵平静后,你自身的美丽也将会被反射出来。

——印度瑜伽大师艾·杨格

所有向日葵的故事都是由真实案例经过改编后呈现给大家的,故事中的名字均为化名。为什么把他们比作向日葵呢?使用向日葵,还有另外一个原因:我自己也是一棵向日葵。事情是这样的。

我曾接诊了一个姑娘,我们每周见面一次,加上中间各自有事,快半年了,现在已见面19次。她说结婚是为了逃避亲生父母。从记事开始,她的人生就充满了各种摧残,生活简直糟透了,所以她虐待自己、虐待小动物也不足为奇。每次治疗过程中她都止不住地流泪,哭着问我,她已经如此努力地活着并且想要活得好一点儿,为什么还是没有一点儿改变。在第19次见面时,她剪了新发型,将头发染成时髦的棕色,和我分享着朋友对她说的话:"这次你为什么没有发火?要是以前你早就暴怒了!"这么多年来,她第一次和父亲深入沟通到午夜,她说她看到了她们家走向光明的希望,她说她喜欢把女孩儿比作花朵，而我在她眼里就是向日葵。那一刻我俩的眼睛都红了。

◉ 向日葵的故事 1

佳叔今年 50 多岁，事业成功，在单位担任部门领导，带领着百人团队。但他受抑郁症和焦虑症的困扰已经十余年了，并且一直在服用抗抑郁的药物。佳叔是在 2017 年年初通过朋友找到我的。在交谈中，他偶然提到自己有鼻炎，闻不到味道，即使家中摆着香水百合也闻不到花香。佳叔跟我学习心身训练的方法后，每天早晚都有规律地练习一遍，他很喜欢觉察方面的练习。两个月后，佳叔来找我时说公园的梅花开了，特别香。佳叔的单位离这个公园很近，每天中午他都要到公园去锻炼，绕着湖走一圈。听他这么说我也来了兴致，周末跑到公园去寻找梅花。当我找到的时候大吃一惊：梅花距离环湖的道路并不近，是长在离道路有一段距离的土坡上，梅花很小，上面压了前些天下过的雪，走在路上根本闻不到香味，佳叔也许自己都没注意到他的嗅觉比以前灵敏多了。

◉ 向日葵的故事 2

花朵儿是位年轻漂亮的姑娘，来参加我的训练时间不长，还总是请假。她喜欢旅游，经常出去玩儿。花朵儿感觉在自己的生活和工作中存在一些潜在的压力，想学习减压的方法。假期结束后再见她时，她突然兴奋地和我分享自己刚才在路上的新发现："路边的一朵小花开得特别漂亮！我以前从来不会注意这么小的事物，并且感觉到这么美好！"花朵儿平时的练习虽然做得不多，但感觉到有压力的时候就会去做，尤其是觉察方面的练习。一年后她再次出现在我的团体课中,并决定学习整套内容。之后总能听到她的分享,见到她的笑容。

评论:抑郁症患者多表现为反应迟钝、动作变慢、懒惰拖延。用他们的话说就像被一个瓶子罩住了,各种感觉都在减退,世界永远灰蒙蒙的,头顶上总是顶着一片乌云,只关注生活中消极负面的信息,而对近在咫尺的美好熟视无睹。通过觉察训练提高的觉察能力是全方位的,其中就包括各种感观,比如嗅觉、视觉、听觉等等。当一个人的世界重新变得五彩缤纷、充满鸟语花香后,相信他离走出抑郁也不远了。俗话说:"生活中不缺少美,只是缺少发现美的眼睛。"我们每个人都需要发现身边的美好,提高觉察能力。

要想及时有效地应对压力,就要及时准确地识别出我们正处在压力状态中,对压力有所觉察。提到压力的觉察,有人会说:这个很明显啊,有压力我自然会感觉到。但事实并非如此,中国人表达情感比较含蓄和隐晦,喜欢压抑自己的情感,有时候并不会直接表现出压力的问题,而是间接表现,其中最容易被忽视或错误理解的就是躯体的各种不适。压力觉察是指发觉压力是如何影响我们的思维、情绪、身体、行为和社会关系的,是对自身全方位的觉察和了解,是 SMART-C 压力管理中非常重要的一部分内容。很多朋友在觉察能力提高后困惑他们已久的问题也就解决了。获得觉察压力的能力是如此重要,你觉察到压力,就成功了一半甚至更多。本模块将介绍一些练习和训练方法,专门用于提高压力觉察能力。

一、日常练习

（一）压力预警信号练习

人类应对压力的反应是一种习惯性反应，有一定的规律可循。具体表现为人们面对压力时会产生的想法、情绪以及行为，我们称之为压力预警信号，这些信号作为线索告诉我们压力反应系统已经被激活。

1. 压力预警信号分类

虽然压力预警信号在人与人之间存在不同，但还是有普遍规律可寻的，我们将它们分为六个基本类别：躯体预警信号、情绪预警信号、想法（认知）预警信号、行为预警信号和关系预警信号。另外，对压力的反应还包含心灵层面的内容，称之为心灵预警信号。心灵预警信号包含与他人深层次的联系，认为生命是有意义的，人生是有目标的信念。心灵预警信号经常与其他几个预警信号重叠。

（1）躯体预警信号：躯体对压力的反应是指我们在经历压力时身体可能产生的感觉和状态。对很多人来说，这种压力预警信号表现得最显著也最容易被人误解，比如由压力引起的头痛、背痛、胃肠反应、肌肉紧张、食欲改变、睡眠问题等。压力情绪问题经常表现出心血管系统和胃肠道系统这两个系统的症状。压力情绪问题影响胃肠道系统的情况在人群中的比例占到50%以上。

通常，当躯体出现症状后，我们的第一反应是生病了，然后去医院做一系列检查，结果并没有查出什么问题，往往带有强烈的主观感觉。人类对压力的反应不仅包括心理反应也包括生理反应，是一种心身共同作用的结果，因此面对压力，表现出上述躯体症状不足为奇。如果你出现相同或相似的躯体症状时，这可能是你的身体向你提出的预警，提醒你压力的存在。由于这些症状与疾病的症状相似或相同，需要排除身体疾病。

（2）情绪预警信号：这类预警信号是最常见的，也是大家最熟悉的，多为消极情绪。有人可能要提出疑问，悲伤、愤怒、恐惧还需要识别吗？难道我自己还辨别不出来吗？当然，对于上述这些简单情绪我们都能准确地识别出来，喜悦、悲伤、愤怒、恐惧是人的基本情绪。情绪有很多种分类方法，来自美国加州伯克利大学专门从事情绪心理学研究的凯尔特纳（Kelther）教授等人在2017年最新发表的研究中指出，人类有27种独立的情绪，它们分别是：钦佩、崇拜、欣赏、娱乐、焦虑、敬畏、尴尬、厌倦、冷静、困惑、渴望、厌恶、痛苦、着迷、嫉妒、兴奋、恐惧、痛恨、有趣、快乐、怀旧、浪漫、悲伤、满意、性欲、同情和满足。面对这些复杂情绪，我们要准确地加以识别。情绪预警信号与想法（认知）预警信号关系非常密切，经常同时出现，不同的情绪对应着你对压力的不同想法。起初，你可能会发现将想法和情绪区分开来非常困难，到底是你的想法还是你的情绪，自己都说不清楚。需要记住的一点是：你的情绪是真实的，但想法可能会欺骗你。

（3）想法（认知）预警信号：想法（认知）是指我们关于自己、他人和世界的观点，这些观点可以集中在过去、现在或将来。由于大脑前额皮层的发展，因此我们对过去威胁的回忆或者对将来威胁的预知都会启动压力系统，和当下经历的威胁所引起的反应是一样的。进一步说，压力激活大脑由下至上的工作系统，进而由上至下的控制功能被削弱，这会对工作记忆、注意力集中以及情绪和行为调节造成不利影响。想法预警代表了两层意思：一是想法本身的性质多为负性的，对应着负性的思维模式；二是想法出现的形式，如思绪如潮、思维不清晰等。长期如此，这种特定的负性思维模式将会变为自动思维模式，事实上大多数情况下这些想法可能不是真实情况的反应。这类信号很难被我们识别，即使识别出来，由于长期固化的思维模式（即思维定式）很难在短期内得以改变，因而需要通过一定的思维训练来纠正。我们要有这样的意识，即我们的观念和想法、对某事某人的认知不一定都是真实客观的，我们的观念想法也可能欺骗我们。

（4）行为预警信号：一种常见的由压力引发的行为改变是想吃碳水化合物。这种欲望可能由两种生物学驱动力引起：①碳水化合物为经历压力时产生的高代谢和大量神经活动提供必需的能量；②碳水化合物通过大脑由上至下机制产生快感从而对压力产生抵消作用。另外一个行为预警信号是食欲下降，身体在经历压力时消化功能会发生变化。除了食欲的改变，在压力的影响下，我们通常会趋向于做一些行为可以提供即刻的快感，比如吸烟和饮酒。如果压力没有得到有效的缓解，这些压力信号会持续存在，不仅压力没有得到缓解，有害的行为也会对身体造成负担。在压力反应中，我们可能会做出很多不健康的行为，这些行为让我们的压力暂时得到舒缓，帮助我们避免直接应对压力源。这些行为会让我们短期感觉舒服，但长远来看，会增加更多的压力。例如，当有压力的时候，短期内吃高脂肪的食物能够感到满足和舒服，长期来看却是一种不健康的饮食习惯。很多男性在压力下的表现常常是抽烟和酗酒，女性在压力的驱使下会疯狂购物，未成年人在学习压力下也会沉迷于网络等。从长期来看，这些行为都存在着一定隐患，不是适当的压力应对方法。

（5）关系预警信号：是指我们对自己与他人联系的感觉。在应激反应中，我们倾向于孤立自己，让自己与他人隔离开来，我们可能会发现自己怕受到别人的干扰或者有意躲避他人。有稳定的朋友和家人的社会支持网络可以依靠，或者让别人可以依靠自己，都是对压力的重要缓冲。

（6）心灵预警信号：一般是指生命是有意义的、人生是有目标

常见压力预警信号

躯体信号	
头痛	背痛
消化不良	脖子、肩膀僵硬
胃痛不适	心跳加快
手掌出汗	坐立不安
疲劳	耳鸣等
情绪信号	
易沮丧、挫败感	紧张、焦虑、担心
愤怒	厌倦
孤独感	烦躁、缺乏耐心
悲伤	无可奈何等
想法（认知）信号	
思维不清晰	不能决断
健忘或注意力不集中	思绪如潮
消极思维	反复不断琢磨等
行为信号	
锻炼减少	抽烟酗酒
暴饮暴食	食欲下降
疯狂购物	沉迷网络等
关系信号	
躲避人多的地方	不信任别人
与他人联络减少	喜欢评判别人等
心灵信号	
工作没有意义	
人生没有价值等	

的坚定信念，或者感觉到自己在为社会创造价值的坚定信念，也可以是一种深层次的与世界以及周围人的联系等。心灵预警信号包括愤世嫉俗的想法和抑郁情绪，例如失去从工作或事业中获得的满足感。

每个人都有自己独特的压力预警信号，通过有意识地训练可以帮助我们认识到自身表现出来的这些信号，可以及时应对处理，预防压力堆积造成的严重后果。在压力下，人们能够轻易地激活大脑由下至上的反应，启动压力系统的媒介和机制，这些反应的幅度和持久性会引起多种疾病，比如动脉粥样硬化、肥胖、糖尿病、老年痴呆和抑郁症等。一旦大脑出现这些改变就会恶性循环，造成神经系统的磨损，人体出现情绪、行为和躯体障碍。通过识别负性想法、消极情绪、躯体信号和一定的行为来识别自己的压力反应非常重要，通过训练，人们可以调节压力反应和这些反应造成的影响，并开始采用适应性措施应对压力。

总而言之，我们要提醒自己停止对痛苦的忍耐，采取有效措施应对压力，停止沉浸在压力反应的痛苦中无法自拔。

2. 预警信号练习

为了更好地觉察压力，可以隔段时间填一次表格，观察自己在这段时间（一天、一周或者一个月）内是否出现以上几方面的变化，将这些变化填在相应的表格中。

需要注意的是，如果表现一直如此就不属于压力预警信号的范围了，比如性格偏于内向的人不喜欢与人交流就不属于关系预警信号。每个人的预警信号相对比较稳定，在压力下习惯于表现出某一种或几种预警信号，通过几次练习找出规律，包括预警信号的种类和出现的频率，为及时有效地应对压力提供依据。

压力预警信号练习页

躯体：头痛……

情绪：焦虑……

认知：犹豫不决……

行为：暴饮暴食……

关系：躲避人多的地方……

精神（心灵）：工作没有意义……

（二）能量电池练习

身体内在的弹性就像是一种可以反复充电的电池，在应对压力事件后，储存的能量会发生改变。可以根据自己的情况，按下图填写内容。在消耗的表格中，列出任何消耗你能量的事情，或是使你感到压力的事情。在充电的表格中，列出那些能够减轻压力的事情，或者是增加弹性的事情。这项练习至少花10分钟来完成。

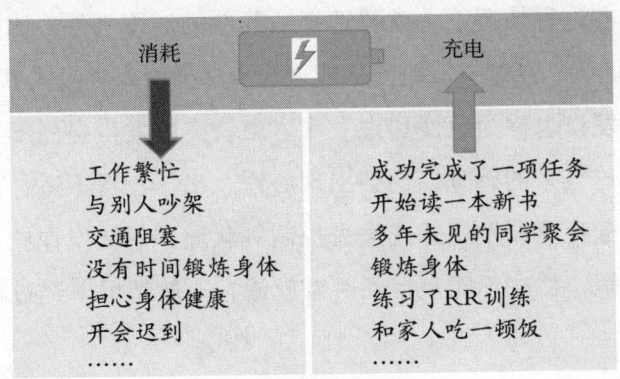

能量电池练习

做完之后，你可能希望有所反馈。想一想，对你自身能量产生消耗的事情是不是比补充能量的事要多？补充能量的事情是不是能够真正让你重新恢复元气？对你来说，能够补充能量的事情做起来有没有困难？补充能量的事情是不是多集中在为他人做一些事情上而不是为自己做了些什么？提醒自己注意为电池充电。通过几次练习，找出其中的规律，比如产生消耗的事情是否有共性或者是同样的事等，为及时有效地充电提供依据。为了更好地觉察压力，可以隔段时间填一下这张表格。

二、推荐的 RR 训练

（一）呼吸式RR训练

呼吸式 RR 训练常用的两种方法是呼吸觉察和腹式呼吸，二者可以结合在一起进行。呼吸式 RR 训练是所有 RR 训练的基础，适用范围最广，对焦虑、抑郁、失眠和单纯的压力大都有不错的效果，可在睡前练习，改善睡眠质量。

需要注意的是，如果焦虑或者更为严重的惊恐发作表现在呼吸上，那么开始做与呼吸有关的训练很可能会导致症状加重，无法完成训练。在这种情况下，就要选择从其他的训练入手，比如身体觉察式 RR 训练，经过一段时间适应之后再逐渐引入呼吸式 RR 训练。

惊恐发作也称为急性焦虑发作。患者突然发生强烈不适，有胸闷、透不过气来的感觉，还会出现心悸、出汗、胃不适、颤抖、手足发麻、濒死感、发疯感或失去控制等状况，每次发作约 15 分钟，可自行缓解，往往不能坚持到医院就诊，一般情况下经过检查后无任何问题。

◉ 向日葵的故事

张女士今年已经 70 多岁了，饱受失眠痛苦 10 余年，一直吃安眠药助眠。学习了 RR 训练半年，所有的药物都顺利撤了下来，整个人都变了，黑眼圈不见了，人也年轻了不少。实际上，张女士的睡眠情况并不太好，她每天晚上 9 点睡觉，入睡很快，但半夜 12 点总会醒来。与以前不同的是，现在她的心态很好，不会烦躁焦虑地在床上辗转反侧，而是做RR训练。她说那种感觉很舒服，不像以前睡不着不知道干什么。有时候凌晨3点多还能再睡一会儿，现在睡眠情况不再是她纠结的问题了。自从训练后，张女士白天的状态越来越好，晚上醒来后做训练，每天中午也会练习一遍，为了训练还学会了使用手机软件。她笑着和我说现在不吃安眠药了，却依赖上了我的声音，一听到我训练指导的音频就想睡觉，这种现象在好多人身上都发生过。曾经有位朋友担心，说万一对我的声音产生依赖后怎么办？我说，这种依赖没有任何副作用，让训练成为良好生活习惯的一部分，有何不可呢？

（二）身体觉察式RR训练

身体觉察式RR训练主要包括单纯的身体觉察式RR训练、放松诱导式RR训练和渐进放松式RR训练。

1. 单纯的身体觉察式RR训练以及放松诱导式RR训练

单纯的身体觉察式RR训练也可以称之为身体扫描，像探测器一样，逐个扫描自己的身体部位，从头至脚或者从脚至头，感受不同部位此时此刻的感觉；放松诱导式RR训练与单纯的身体觉察式RR训练一样，也是从头至脚或者从脚至头来进行，不同的是，放松诱导式RR训练要在放松的指导语下进行。

这两种训练方法适用范围广，对焦虑、抑郁和单纯的压力大都有不错的效果。其中身体觉察可以很好地放松身体的各个部位，如果单纯的身体觉察（只将注意力集中在身体的一个部位去感受身体的感觉，而不进行放松诱导）效果不好，可以选择使用放松诱导式RR训练。放松诱导式RR训练可在睡前练习，改善睡眠质量。

需要说明的是，对于呼吸式RR训练效果不理想的朋友，可以选择身体觉察来开始训练。实践中发现，有些人开始训练时将注意力集中到呼吸上较为困难，而有些人开始时将注意力集中到身体上更为困难。

身体觉察可以让我们身体上压抑多年的问题暴露出来并处理掉，看似神奇其实也不难理解，如今生活节奏快，人们很难让身体完全放松下来。长期规律的训练可以让身体里的垃圾得到释放。

身体觉察的训练还是一次与自己身体的对话和沟通，与后面会介绍到的同理心训练结合起来使用，效果更好。身体每天受到大脑的控制来完成各种指令，有时候还要克服自身的不适和其他困难。为了调节心身平衡，采用这种方法可以发现在主观意愿很强大的情况下被忽视或者压抑的身体诉求，可以及时弥补，达到心身协调统一的健康状态。

2. 渐进放松式 RR 训练

渐进放松式 RR 训练通过特定的动作让身体不同部位的肌肉先紧张再放松，会让身体的感受更强烈。如果使用前两种训练方法效果不理想的朋友，可以选择此项训练。

该项训练可以每天练习 1～2 次，直到你可以将放松的时间减少到大约 10 分钟。如果有慢性疼痛或者受伤不方便绷紧肌肉时，只需要将注意力集中到相应的肌肉群放松就可以了。

◉ 向日葵的故事

小珍今年 15 岁，初三，感觉学习压力大，3 个月前开始出现头晕现象，严重时无法上课。由家人带着来看病，以前在北京几个大医院做过包括核磁在内的多项检查，并没有发现任何问题。小珍的症状表现为，除了头晕外，还有颈部和头部的紧张感，尤其在上课时更明显，无法自行放松。小珍是外地来的，学习任务重、时间紧，无法在北京待太长时间，根据她的情况选择渐进放松式 RR 训练，并且集中处理头部和颈部的紧张感。第一次训练后她感觉放松效果很好,后来随访了三个月的时间,每天进行两次训练,没有再出现头晕的情况。小珍妈妈说看到孩子的笑容越来越多了,整个人的状态也越来越好了。

评论:除了不明原因头晕外,使用渐进放松式RR训练效果比较明显的症状还有头痛、背痛、肠应激综合征等。渐进放松式RR训练比较适合身体不适的处理,对症状表现在呼吸上,无法进行呼吸相关训练的人群也是一个好的选择。

曾有位朋友惊恐发作,表现在无法用鼻子呼吸,只能用嘴呼吸,还有一位朋友吸气时感觉吸不够等,这些表现都是在查明身体没有任何器质性疾病的基础上出现的症状。当然,如果有躯体疾病,也可以配合使用上述方法,可以使疾病引起的躯体不适感减轻。古希腊著名的哲学家亚里士多德(Aristotle)说过:"当身体生病或受到伤害的时候,你的心灵会痛苦;同样,当心灵生病或不舒服的时候,你的身体会痛苦。"身体和心理的痛苦相加会产生 1+1 > 2 的感受,同样,身体和心理的舒适放松相加也会产生 1+1 > 2 的效果。

(三)推荐的迷你RR训练

迷你RR训练时间较短,可以在日常生活中随时随地进行练习。腹式呼吸RR训练可以当作迷你RR训练(日常迷你、睡眠迷你皆可)使用,练习时,注意不要憋气,不要努力呼吸,以自然舒适为度。如果出现头晕等不适,可能是用力过猛的原因,要及时调整。另外,在配合音频指导语进行练习时,可能指导的呼吸节奏和自己的呼吸节奏不一致,不必保持和指导的节奏一致,以自己舒适的呼吸节奏为标准,重点是要学会呼吸的方法。腹式呼吸RR训练可以用于紧急压力事件的应对,比单纯的深呼吸效果更好。

小 Tips

| 觉察的游戏 |

练习觉察游戏时你就像一面镜子。一面镜子不会选择它能照出什么东西,不会做出努力去照出什么东西,不会歪曲或者解释它能照出的东西,不会控制或者影响它所照出的东西,也不会被它照出来的东西所影响。觉察训练正是如此,觉察的游戏是通过各种训练方法让自己成为你所经历事情的一面面镜子。

下面介绍的觉察的游戏是扩大和缩小关注的训练,具体步骤如下:

(1)将你的注意力缩小到一个事物或一件事情上,比如一个脚趾、一个想法;

(2)然后扩大到越来越多的你所能觉察到的东西或事情上;

(3)做扩大和缩小的游戏——你可以缩小到多小?扩大到多大?你能扩大和缩小得多快或者多慢?反复练习。

逐渐把注意力扩大和缩小,缩小到想法上,然后扩大到所有的感官上。关注你的想法是如何通过觉察到的事物缩小甚至消失的。当觉察被扩大到尽可能大的时候,就包括了觉察本身。

这是一个非常好的游戏,可以用来练习觉察能力,它的目的不是为了一个特殊的结果,而是给你一种和自己的觉察做游戏的感觉,就像你玩一种玩具那样。这种练习可以增强你扩大和缩小觉察的能力,通过收缩注意力帮助你自如地关注身体内部,并且通过扩大注意力产生新想法。

模块二
认知提升

我们看到的事物不是它本来的样子,而是我们把它看成的样子。
——《塔木德:犹太人的经商智慧与处世圣经》

● 向日葵的故事1

阿聪和小楠都失业了,先后因为失眠找到我。当问到失业这件事对他们的影响时,两个人的回答截然不同。阿聪觉得失业对自己的打击很大,感觉很可能再也找不到好工作了,担心焦虑,感觉自己的未来全毁了,整天琢磨失业这件事,尤其在晚上睡觉前更明显,胡思乱想,严重失眠,慢慢地开始不愿意出门,不愿和别人接触,不喜欢热闹,悲观失落,挫败感明显。起初,失业只是让阿聪焦虑,后来逐渐演变成焦虑伴抑郁。小楠也是因为失眠来就诊的,虽然失业了还要再找份工作,的确存在压力,稍微有点儿焦虑,导致这段时间睡不好,但他觉得失业对他没什么太大的影响,这些问题都是暂时的,自己也许可以找到更好的工作,正好趁这段时间出去旅游,好好休息一下。后来小楠果然出去旅游了,经过一段时间的调整,他的睡眠很快恢复了。反之,阿聪的抑郁调整起来难度更大,需要的时间也更长。

评论：面对压力事件，每个人都或多或少会出现一些消极反应，这是人类的本能，是再正常不过的事情。比如对学生来说，马上要参加考试了，大部分人都会出现睡不好觉、食欲下降等常见的压力表现，除非这个考试对你来说无关紧要。再比如明天有个重要的合同要签，可能你为此准备了半年之久，那么前一天晚上你可能会多梦，虽然白天你表现得一切如常。除了比较容易找到的原因外，有些压力造成的影响是潜移默化、不为我们所知的。

从心理学的角度来说，这是压力通过潜意识造成的影响，从意识层面我们找不到出现问题的原因，会觉得莫名其妙。如果把我们自身比作弹簧，在外力作用下弹簧一定会收缩，而撤除外力后弹簧又会恢复原来的长度，这是弹簧弹性正常的表现。实际上很多人却希望生活中不要遇到问题，压力不要对自己造成影响，就像希望弹簧在外力作用下不要收缩一样，除非这个弹簧失去了弹性，功能不正常。阿聪和小楠在失业这个压力事件的刺激下，虽然都出现了失眠，但发展的结果和调整需要的时间与难度不尽相同。究其原因，二者大脑对失业的加工不同起了重要作用。阿聪的大脑把失业加工成"狮子老虎"，各种负性情绪接踵而来，他的各种反应包括行为表现和面对真正的狮子老虎是一样的；而小楠的大脑把失业加工成"小老鼠"，虽然有影响，但影响有限，他的反应包括情绪、行为表现等和面对小老鼠是一样的。了解了大脑对压力事件的加工（即认知的知识），面对同样的事情，不同的人表现不同也就容易理解了。相比于小楠，在阿聪的调整中就要引入认知调整的方法，方可取得较好的效果。

● 向日葵的故事2

玲珑是位外企高管，因工作发展、与领导相处不融洽、个人性格等问题找到我，她没什么精神心理疾病，纯粹奔着个人提升的目的来的。练习了一段时间的呼吸式RR训练后,进入到认知部分的练习,她对这部分练习很感兴趣,发现自己有追求完美、读心术等方面的认知偏差。经过压力应对日记的练习后,能够及时觉察出日常出现的认知偏差并加以调整。她感觉生活得更轻松了,整个人都变得意气风发。她跟着我调整了差不多一年时间,后来成功地把握住升迁的机会,调到南方的一个省会城市担任分公司经理,负责开拓新的市场。

评论:伴随着玲珑职位的升迁,将会有高强度的工作和巨大的压力等待着她,但我相信她完全有能力应对,她会在更适合的岗位上创造出属于她的辉煌。在将近一年的时间里,她得到的不仅是好的结果,还学会了一整套压力管理的方法。她可以有效地管理自己的压力和调整情绪了,这也是SMART-C压力管理的最终目的——让每个人都成为自己压力和情绪的主人。

一、认知基本知识

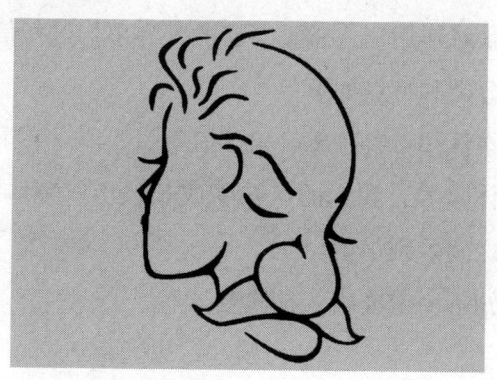

看到这张图时,你首先看到的是什么?

人们在看到上面这张图时,第一眼会出现两种情况:看到年轻女人和看到老爷爷。

每次带领大家看这张图时是大家讨论最热烈的时候，一部分人在仔细观看后两者都能看到，剩下的一部分看到年轻女人的人看不到老爷爷，而看到老爷爷的人同样也看不到年轻女人。同样的一张图放在我们眼前，会出现两种情况，这两者没有谁比谁更好。这种现象告诉我们一个事实，眼睛可以欺骗我们，我们看到的事物不一定是它本来的样子。看到不同图像结果的人情绪上也许会有所不同，生活中这种现象比比皆是。大脑把事物加工成什么样会影响到我们的情绪和心理状态，这也是认知对我们的影响。因此，认知调整在SMART-C压力管理中是非常重要的一部分内容。

认知也就是想法，让我们将注意力转到压力和想法的关系上。可能大家已经发现，在进行RR训练时，我们慢下来了或者放松下来了，开始注意到自己的想法那么多。RR训练给我们提供了一个慢下来的机会，让我们作为一个旁观者来观察压力是如何影响自己的想法的，以及这些想法是如何制造出压力的。

认知可以称为认识，我们产生的想法是指人认识外界事物的过程，或者说是对作用于人感觉器官的外界事物进行信息加工的过程。

认知的分类和特点如下：

（1）基本认知：善、恶、美、丑等。

（2）个体差异：我们的认知受成长经历、环境等外界因素的影响，人与人之间差别很大。

（3）认知不一定准确，有偏差。

二、自动思维和认知偏差

我们的想法反映了内在的期望和信念，它可以是积极的也可以是消极的，对事物的反应可以是恰当的也可以是不恰当的。很多情况下想法都是自动出现的，而且经常是在我们都没有意识到的情况下已经出现了，我们把这种情况称为自动思维（自动想法）。

（一）自动思维的特点

自动思维是对感知到的压力的一种自动反应。

- 这些想法从我们的脑海中自动蹦出来，没有经过我们的选择。
- 是快速、短暂的无意识流的体现。
- 特点：过度坚定、过于简单、不灵活。
- 通常不是经过深思熟虑的结果。
- 通常是负性的、有偏差的、不均衡的。
- 童年时习得的、习惯性的。

通常通过这些语言表达出来：

- "哦，不！"
- "为什么是我？"
- "我受不了了！"
- "不够好！"
- "什么也改变不了！"
- "这总发生在我身上！"
- "我什么都做不了！"
- "我怎么这么傻！"
- "应该做得更好！"
- "什么都不会改变！"

和压力有关的思维多为消极的（负性的）思维，也就是自动负性思维。这些思维通常来自对威胁的感受，可以是真实的也可以是假想的，它们在压力反应下自动出现。自动负性思维加速了负性情绪和感受，使我们丧失了区分出理性思维的能力。大家都知道理性思维可以使我们更好地应对压力,而自动负性思维则会导致不良或者无效的行为出现。

拿阿聪的案例来看,阿聪失业了,他的自动负性思维是:"我再也找不到工作了""我是一个失败者""我什么事情都做不好""我的生活全毁了"。这些自动负性思维是扭曲的,并引起了负性行为,比如待在家里和大家隔离开,形成恶性循环造成更孤独的感受,最终导致抑郁的后果。

在这种情况下,最初出现的负性思维就是一个压力预警信号,如果能及时识别出来,就可以帮助我们及时去寻找有效的应对方法。能在日常生活中及时意识到并识别出自己的负性思维就是一个胜利,因为认知偏差(不真实的、错误的认知)会使我们进入一个负性情绪和负性躯体反应与不良行为的恶性循环中。

(二)常见认知偏差的种类

认知偏差的种类很多,我们将最常见的列出来,看看有没有符合自己的情况,能不能举出例子来。

(1)全或无:非黑即白,两极化的思维。将事情想成是极端的情况而不是连续性的,用语言来形容这种想法通常带有"总是""从来不"这样的字眼。

情景再现:在超市结账时,你发现自己站在最慢的一排,你说:"我总是排错队。"

(2)心理过滤:只关注事情一个不好的方面而不顾整体。

情景再现:你参加高中同学聚会非常高兴,因为碰到的同学都和你关系不错,直到有一个人让你回想起高中时不愉快的一件小事(你犯的一个小错误),整个晚上你都感觉不好。

(3)选择性概括:仅根据对一件事某一方面细节的了解就形成

结论，其他信息被忽略，并且整个背景的重要性也被忽略，认为那些与失败和剥夺有关的负性信息才是重要的。

情景再现：老公在情人节没有给自己送花，就认为老公不爱自己，其实那天老公有别的事情。

（4）预测未来：对未来的事情进行负面预测且没有足够根据支撑这种预测，包括灾难化的预测。这种思维习惯会导致焦虑或者恐惧，而且会阻碍成功。

情景再现：

① 你想要去应聘一个职位，在没有任何信息支持你观点的情况下，认为自己一定会落选。

② 高考失败，我就完了！

（5）扩大化/缩小化：扩大坏事的影响或意义；缩小好事的影响或意义。

情景再现：在上班途中你的车坏了，你告诉自己："这是最糟糕的一天！"

（6）应该式陈述：顽固地认为自己和他人应该这样做，并且认为没有达到要求是不好的，这种不好的感觉被放大了，语言常常带有责备的语气，包含"应该""应当""必须"这样的词。

情景再现：你应该这样，你应该那样。如果不这样做，就会……

（7）自罪自责：将问题或损失的责任都归于自己，而实际上自己并没有那么大的过错。

情景再现：你和别人共同做一个任务，但没有完成，你认为都是自己的错。

（8）读心术：想象别人对你有负性想法，而没有足够的证据或者没有考虑其他可能性。这通常是你自己没有安全感的一种表现。

情景再现：一个同事在会上不同意你的看法，你就认为他对你有意见。

（9）贴标签：根据缺点和以前犯的错来描述一个人或定义一个人的本质。

情景再现：你这个人这辈子就这样了，一辈子也没出息。

（10）寻求肯定：做事是为了寻求他人的肯定，不惜任何代价，甚至忽略或者牺牲自己的需求。

情景再现：牺牲自己的时间陪朋友吃饭，然而朋友并没有对你说你自己所期待的、表示感激的话，于是你很生气或者伤心难过。

（11）要求回报：要求付出就一定有回报，尤其表现在恋爱、婚姻、家长子女等关系中。

情景再现：在一段恋情中你付出了很多，结果男朋友/女朋友却提出和你分手，你认为自己的感情没有得到应有的回报，伤心难过，久久不能释然。

（12）追求完美：一直用最高标准要求自己或者别人。不考虑其他可能造成影响的合理因素。这种高标准也被用到没有必要的情况下。

情景再现：要求自己在工作中不能出一点错误，即使是人人都可能会犯的小过失。

（13）比较：会导致自卑感或者优越感的比较是有害的。如果通过比较能让你了解到自己的优势和能力从而产生自尊和满足的感觉时，是可以采纳的，或者使你认识到别人的优势和能力从而产生尊重他人以及谦虚的感觉时，也是可以采纳的。

情景再现：

① 自卑的例子：你的发言并不成功时你会这样想，我是一个失败者，别人几乎都能做好。

② 优越感的例子：你的发言比其他人都好时你会这样想，我比

其他失败者好太多了。

需要说明的是，一种想法可能不只反映一种偏差。我们学习的目的并不是如何记住各种认知偏差或者给不同的认知偏差命名，而是你是否能找出自己的认知偏差或者思维模式偏差通常有哪些。

三、针对认知工作的压力应对策略

压力事件发生后，要对压力事件进行重新评估，结果可以分为两种情况：

（1）你对压力事件的认知是消极、负性、不合理的认知，也就是存在认知偏差；

（2）你对压力事件的认知是消极、负性、合理的认知。

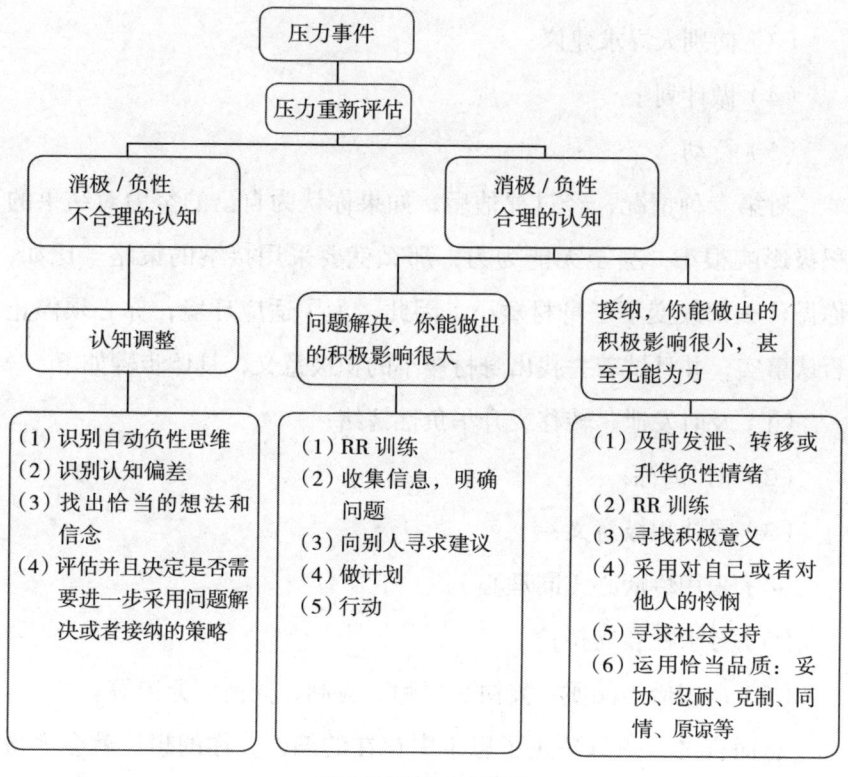

对压力事件的重新评估

对第一种情况，要做出认知调整，具体步骤如下：

（1）识别自动负性思维；

（2）识别认知偏差；

（3）找出恰当的想法和信念；

（4）评估并且决定是否需要进一步采用问题解决或者接纳的策略。

对第二种情况，经过评估后，如果你认为自己的努力对结果的积极影响很大，比如，你睡眠不足，可以改善睡眠习惯；你的饮食不健康，可以一步步改善饮食，那么可以采用问题解决的策略，具体步骤如下：

（1）RR 训练；

（2）收集信息，明确问题；

（3）向别人寻求建议；

（4）做计划；

（5）行动。

对第二种情况，经过评估后，如果你认为自己的努力对结果的积极影响很小，甚至无能为力，那么就要采用接纳的策略。比如，你做什么都改变不了身材矮小。因此，为了适应环境，你必须停止否认事实，并且试着去找出身材矮小的积极意义，具体步骤如下：

（1）及时发泄、转移或升华负性情绪；

（2）RR 训练；

（3）寻找积极意义；

（4）采用怜悯心（同理心）；

（5）寻求社会支持；

（6）运用恰当品质：妥协、忍耐、克制、同情、原谅等。

总而言之，一旦矫正了思维中存在的偏差，你的想法就会变得更灵活。重新回到压力源上，现在你能够将思维从压力本身转移至如何应对压力上。

压力是一种提醒你需要改变的信号，是采取措施的信号。这种改变通过两种方法得以实现：（1）通过采用问题解决策略从而缓和或减轻压力；（2）改变自己的态度，允许或者接纳压力。

关于接纳

通常对压力感到痛苦的情况往往超出我们的能力范围，而我们却认为"我们本来能够做些什么"或者"应该说些什么"。接纳并非意味着放弃或者让步，而是要找到应对当前情况适当的方式。可以想着近期的一个压力事件，一个你感到超出你能力范围的事件，问问自己以下几个问题：

（1）我怎样才能接纳这种情况？

（2）如果我能够以一种积极的方式影响现在的情况，那么结果会变成什么样？如果结果会变成那样，我又能做什么？

（3）从现在的情况中我学到了什么？

（4）通过这种经历我有哪些积极方面的改变？

（5）有没有其他人从类似的情况中找到积极意义的例子？

（6）通过这种经历我成长了吗？

（7）从这种经历中能找出对自己有意义的事吗？

很多压力事件是复杂的，需要同时用到问题解决和接纳两种策略。比如，感冒使你错过一个朋友的聚餐活动。采用问题解决策略是你可以安排另一个时间聚会，与你想见面的朋友聚会，在这种策略中你表现出灵活性、耐心以及积极期待。另外一种策略是接受不参加聚餐，用这个晚上来舒舒服服地休息，在这种策略中你顺其自然。

针对有些情况，负性的情绪和想法是完全可以接受的，你应该允许自己有这样的体验。换句话说，有些时候伤心或者失望完全没有问题。对于一个既定的压力事件，成功应对的关键是有目的地选择最适合你的（对你最好的）策略。很多时候我们对负性情绪和想法可以做出适当的反应，但是你也不必为了"总是能保持快乐"而感到有压力。接纳一种现实，以及带着悲伤的情绪，有时候恰恰是最好的选择。要注意的是，虽然这些观点是"适应性"的，但从字面上理解它们却不一定是"积极的"。比如，当你处在被虐待的状况时，忍耐是有害的，但忍耐也是适应性的。

举例来说，当别人生气地对你大吼的时候，你可以通过采用问题解决的策略降低自己的声音来舒缓压力，也可以通过采用接纳的方法，运用同理心理解别人的想法，使自己减压。另一个不同的例子是衰老，衰老本身无法阻止，只能接纳。但你可以照顾好自己来延缓衰老的进程，健康地老去。就像一句谚语说的那样："为生命增加时间，同时为时间增加生命！"

重点是在一些情况下只能采用一种适当的策略：问题解决或者接纳。假设你的目标是在一个月内减重多少斤，当你没有达到目标时，你可能会感到挫败和无望，但你仍可以努力找出这种情况存在的积极意义，通过觉察对减重产生阻碍的态度和行为，并且采取策略解决那些态度和行为，最终成功减重。这种情况下的接纳是通过增加自我觉察来获得的。再举个例子，你可能没有得到梦寐以求的工作，为了缓解失落感，你可以将注意力更多地集中在这场面试如何帮助你明确目标以及这种经历如何帮你改进面试技巧上。

我们需要识别采用的策略是问题解决还是接纳。首先，我们需要识别认知偏差，即识别出想法中表达出来的潜在的消极信念。其次，用合理信念来修正这些消极信念，即用适当应对的合理信念来取代压力引起的信念。这里的合理信念是指在控制范围内的帮助你采取问题解决策略的信念，以及在控制范围外的帮助你采取接纳策略的信念。适应反应代表了抵消压力引起的痛苦情绪、想法以及信念。这些情绪、想法和信念对你是最有利的，通常对别人也是最有利的。很多情况下，压力反应代表了"所有的都是我的"，而适应反应代表的则是"所有的都是我们的"。从我的变成我们的，从由下至上的思维模式转变到由上至下的思维模式，我们不仅可以服务于自己，同时也可以通过成功的应对来服务于他人。

适应反应会让我们的想法从"我"变为"我们"，而我和别人的关系也会发生如下转变。可以参考下图。

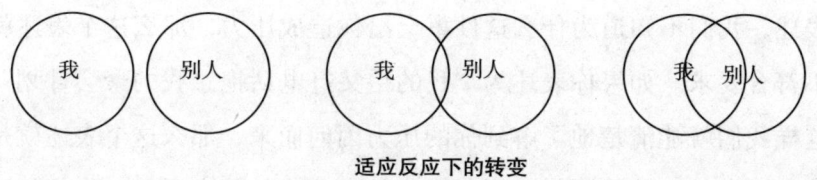

适应反应下的转变

压力缓冲式行为，比如锻炼或引导产生放松反应的 RR 训练，以及那些可以促进健康的行为，将会由上至下激活大脑皮层活动，使适应性观点更容易产生。

采用一定的策略应对压力后，问自己以下三个问题：
（1）你有没有集中注意力想如何解决问题？
（2）你对自己的应对方法满意吗？
（3）为什么满意？为什么不满意？

四、日常练习

（一）压力事件应对日记练习

压力事件应对日记练习将会引导你对压力预警信号保持关注，

这些躯体症状、感觉、想法以及行为是你应对压力的表现方式。压力事件应对日记练习将通过一系列步骤指导你学会如何运用可行的、有效的思维、感觉和行为来应对压力，尽可能全面和深入地体验一个人对压力的反应信号是非常重要的。

首先，你必须了解，当自己遇到压力时，你的思维模式是如何迅速做出反应的。可以先回想近期发生的一个压力事件，最好用一两句话来表述这个压力事件。因为压力反应是由人们对真实或者想象存在的威胁感知而触发的，要保证自己的描述能够代表这种威胁。

比如，你可能会表述："我的岳父给我打电话了。"如果你这样表述，我们不知道为什么这件事会给你造成压力，那么这个表述就不符合要求。如果你表述为"我的岳父打电话抱怨我的聚会计划"，这样我们就能清楚地了解到你的压力因何而来，那么这个表述就是符合要求的。接着回想一下对于这件事造成的压力后果，你的想法是什么以及你的感受是什么？如果可以，试着尽量回想出你能想到的更多的情绪、感受以及想法。一般要有五种或五种以上的想法，这将有利于我们更全面和详细地了解自身对压力的反应，并为寻找出适应性反应做好准备。

然后，我们来试着完成压力事件应对日记中压力反应部分（压力应对日记 1）的内容。在做练习时，不要担心自己区分的认知偏差是否正确，因为有些负性想法可以归为好几种偏差，有些可能无法归为任何一类，只要识别出哪些认知存在偏差就可以了。

压力事件 1：你写了一份策划方案交给领导，结果领导不满意，批评了你。根据这个压力事件填写下面的压力应对日记 1。

压力应对日记 1（压力反应）

压力反应			
躯体信号或行为	不好的情绪、感受	自动出现的想法（不好的想法）	认知（对问题的看法）偏差
头痛、乏力、无精打采、吃不下饭……	挫败感……	1. 为什么我总是做不好 2. 我是一个失败者 3. 领导不喜欢我 4. 我的未来全毁了……	1. 全或无 2. 贴标签 3. 读心术 4. 预测未来……

然后问自己以下三个问题：

（1）你能不能注意到自己的思维模式是什么？

（2）通常哪种认知偏差你经历得最多？

（3）那些想法会给你带来什么情绪？什么躯体感觉？以及什么行为？

当你完成这个日记的压力反应部分时，你可能已经注意到了自己的一些特定的想法与情绪之间的联系。负性情绪通常反映了潜在的与之相对应的负性信念，我们把这些信念叫作相应的"压力观点"（可以造成压力的观点）。常见的负性情绪以及与之相对应的潜在信念可以参照"情绪信念对应表 1"。

从压力应对日记 1 中大家可以发现并识别出自己的一些认知偏差，那么如何来调整和改善呢？更有效的应对措施是什么呢？通过压力反应部分的练习我们已经了解到一些负性的想法、情绪以及信念之间的关系，那么正性的或者积极的情绪也是如此。积极的情绪也是基于一些潜在的信念产生的，我们把这些信念称为"应对观点"（适应性观点）。（见"情绪信念对应表 2"）

情绪信念对应表 1

负性情绪	潜在的信念
愤怒	不公平
焦虑	不安全，不能掌控
责备	关注痛苦的来源
厌恶	想要逃离什么
挫败感	没有达到预期
内疚	没有履行自己所要求的道德标准
悲伤	一种失去了什么的感觉
痛苦	无法接受发生的事情
怨恨、不满	痛苦来源于需要付出代价
孤独	从别人那里没有得到足够的关注
羞愧	做了错事可能会被发现或者丢脸
自卑	比不上别人
无助感	做什么都没有用
无望感	做什么都不会改变

情绪信念对应表 2

好的/积极的情绪、感受/品质、意义	潜在的信念
接纳	接受发生的一切
感激	珍惜所有你拥有的
觉察	有局限，还有潜力
改变	一切都会发生变化，没有什么是不变的
怜悯	深层次的理解
勇气	对恐惧的应对
自律	每天把自己照顾得很好
原谅	针对自己的痛苦进行自我疗愈
慷慨/仁慈	一种有用的给予
耐心	平静地赢得更多的时间

续表

好的/积极的情绪、感受/品质、意义	潜在的信念
执着	坚持
前进	一步一个脚印
忍耐	允许事情发生
智慧	改变你能改变的，接受你不能改变的

大家可以根据"情绪信念对应表2"和"压力应对日记2"中的内容，完成压力应对日记适应性反应部分的内容。可以先完成"好的/积极的想法"一栏，再回头填写"好的/积极的情绪、感受/品质、意义"一栏。

压力应对日记2（适应性反应）

适应性反应	
好的/积极的情绪、感受/品质、意义	好的/积极的想法
接纳 ……	1. 实际上我做不好事情的时候也并不多 2. 事情已经发生了，还可以弥补 3. 从现在开始我要更加努力地做事 ……

在完成填写内容时问自己下列问题，可以帮助诱发出好的、积极的情绪和感受，发现自己身上好的、积极的品质和意义：

- 发生了什么？
- 为什么我会如此痛苦？
- 发生的一切是真的吗？
- 我对这件事的认识真的是很准确的吗？有没有偏差呢？如果有，是哪种偏差呢？
- 我有没有直接得出了结论（跳到结论部分）？
- 有什么证据呢？
- 我有没有夸大或者过于看重这件事的消极方面呢？

- 我有没有小题大做？
- 我怎么知道那件事会发生？
- 如果发生了又能怎么样？我是否有能力应对？
- 这件事真的像看上去那么糟糕吗？
- 为这件事担忧有什么帮助吗？
- 现在我的反应和想法对我有什么帮助吗？
- 现在这种情况是否可以换个角度看待？

帮助发展适应性观点的一个重要方法，是培养你对生活中感激事物的觉察能力。感激是一种蕴藏在由上至下思维模式中的观点，因此它能够把我们与其他适应性观点连接起来。关注什么是值得感激的，能给我们提供无尽的思考，去看、听、体验以及享受与他人为伴的时间。拥有感激心能够使压力看上去没有那么令人烦恼，感激是一种万能的应对反应。尤其当生活引起很多压力的时候，练习感激心能够生成一种平衡的感觉。培养对自己、他人以及生命的感激心，也能从中获益。

想要找到更好的、更有效的压力应对措施，需要反复练习。关键是产生出的应对观点是自然而然的，并且是你真正相信的观点才比较好。越练习越熟练，效果也越好。

压力事件2：停车罚单，见"压力应对日记（完整表单）"。

压力应对日记练习总结：

（1）识别压力事件引起的自动负性思维（负性想法）和负性情绪；

（2）认识到这些想法作为负性情绪背后的思维模式（信念）与负性躯体感觉和负性行为之间的联系；

（3）识别自动思维（想法）的偏差、夸大，对解决问题没有任何帮助；

（4）调整这些偏差；

（5）用更加适当、积极的思维（想法）来取而代之，这些对应对压力更有帮助；

（6）花一点儿时间来认真体会一下这么做之后自己的感受如何，包括心理和身体的感受，行为是否随之改变。

总体来说，现在你是否拥有一种积极、乐观的体验了呢？试着完成你自己的"压力应对日记（完整表单）"。

压力应对日记（完整表单）

压力反应	躯体信号或行为	出汗、面部红热、下巴和肩膀紧绷、敲方向盘、从快餐店买大份薯条/汉堡吃、在回家路上买冰激凌吃……
	不好的情绪、感受	愤怒、挫败、焦虑、自责、羞愧……
	自动出现的想法（不好的想法）	1. 糟透了！为什么总发生在我身上 2. 我应该把车停到安全的地方 3. 我总是想省钱，但最后反而花更多钱 4. 生活是如此不公平 5. 我将给孩子们树立一个什么样的榜样 6. 我是这样一个失败者……
	认知（对问题的看法）偏差	全或无、应该式陈述/完美主义、全或无、过分概括/泛化、预测未来、全或无/贴标签……
适应性反应	好的/积极的情绪、感受/品质、意义	妥协/接纳、释然、感激、觉察/洞察、节约、学习、力量、公平、爱、自我怜悯……
	好的/积极的想法	1. 只是一张罚单，而不是车被拖走 2. 省钱是合理的考虑，以后要把车停在安全的地方 3. 在这个地方停车本来就是不允许的，罚款的金额是一样的，开罚单是公平的 4. 没人喜欢收到罚单，但至少这是城市服务的一项收入来源 5. 下次注意不要在不允许的地方停车 6. 从错误中学习是一种生活的馈赠。为孩子们树立从错误中学习的榜样是件好事……

当你完成了压力事件应对日记后,你可能会发现一些固有的模式,比如同样的压力反应代表了同样的情绪和偏差。重要的是识别哪个自动思维是有偏差的,而不是准确地说出每种偏差的名字。一旦你识别了自动思维存在偏差,下一步就是如何调整自动负性思维、认知偏差,以及如何发展出一种适当的应对反应。

(二)分享练习

这项练习主要是帮助大家提高运用适应性观点(比如觉察、反应、学习以及接纳)的能力,我建议将它做成30天的表格记录下来。

下面提到的例子可以说明我们如何区分发生在我们身上好的、坏的以及常规的事情,并且如何赋予其积极的意义,进而寻找到我们每天遇到的事情的价值和益处。用这种方式,我们开始纠正生活中的基本偏差:将生活中发生的事分为好的和坏的两部分。

我们感激愉快的情绪感受,并且通常将能够带来这些感受的事情命名为好的事情。当我们应对一些痛苦的情绪时(通过力量、毅力、勇气、信念或者牺牲),我们开始体会到这些积极的情绪感受对于有效应对压力的作用。

比如发生的好的事情:走出去,在午餐时间散散步。我能够从中找出的积极意义是给了我休息的机会。到办公室外面去看看风景,听听声音;空气很好,舒展一下身体,感觉很棒!从这种观点中培养的适应性品质是对生活的觉察和选择。

发生的坏的事情:一个开车新手在停车场和我追尾了。从中我能够找出的积极意义是,我曾经也是一个驾驶新手,在学习安全驾驶过程中发生了很多事故,但没人受伤;这个人会在今后的驾驶中更加小心谨慎。从这种观点中培养的适应性品质是忍耐,忍耐一个新手的学习过程;是宽慰,宽慰我的车只需要小修;是感激,感激没人受伤；是牺牲，牺牲了我的保险杠以及时间，一个驾驶新手能够变得更加有经验，在路上会更安全。

发生的平常的事情：昨晚我叠了洗过的衣服，从中我能够找出的积极意义是，尽管这很单调乏味，但我全身心地投入到叠衣服这件事中，发现很放松，我喜欢所有的衣物都被整理好。从这种观点中培养的适应性品质是更加投入和灵活地从事日常活动。我发现简单的事情比如叠衣服也可以成为放松和享受的来源。

我们每天晚上回到家中，可以想想一天中发生的好的、坏的、普通的（常规的）事情，找出其中好的/积极的情绪、感受/品质或者意义，也可以和家人以及朋友一起来完成这项练习，依次按顺序分享一天中发生的好的、坏的、普通的（常规的）事情，找出其中好的/积极的情绪、感受/品质或者意义。

小 Tips

| 关于自己你不知道的 9 件事 |

你以为了解自己,但实际上你可能并不完全了解。

你就像一本打开的书,看看里面的内容,读一读:你是谁?你喜欢的和不喜欢的是什么?你的希望和恐惧都在那儿,等着你去了解。研究表明,和了解别人相比,我们对自己的了解并没有什么优势。当我们试着去准确地了解自己时,我们实际上是隔着迷雾在寻找;当我们自以为了解自己时,错误的信念就会产生。我们并没有认识到,我们看待自己的方式发生了偏差。因此,奇怪的事情发生了。比如,我们可能完全相信自己是有同理心和慷慨大方的,但是却仍然会在寒冷的冬天忽视那些无家可归、忍饥挨饿的人。

这种偏差出现的原因很简单,因为我们不喜欢小气、傲慢或者自以为是,我们假装自己不是这样的。我们很容易识别同事对别人的不公正或者有偏见,但是我们往往不会思考自己也会这样做,因为我们装作彬彬有礼,从未想过会对自己有偏见,我们掩饰自己的偏见,形成自我保护。

洞察我们的无意识动机能够增加幸福感。当我们的意识目标和无意识动机更加一致或者均衡时,我们的幸福感会增强,换句话说就是自己不和自己闹别扭、不纠结会更幸福。比如,我们不应该像奴隶一样工作,虽然工作带给我们财富和权力,但如果这些目标对我们来说不是那么重要,即使拥有财富和权力我们也不会感到幸福。我们如何才能达到这种和谐呢?想象一下,尽可能生动地想象一下细节，你所有强烈的愿望都实现了，这些真的会让你更快乐吗？通常我们急于达到过高的目标而忽略实现目标需要经过的所有步骤以及必须付出的努力。RR 训练可以帮助我们克服两个障碍：（1）有偏差的想法；（2）自我保护。

关于自己你不知道的 9 件事：

（1）你做事的动机对自己来说完全是个谜。

（2）你外在的表现告诉别人很多关于自己的事，我们必须依赖别人的观察来更加了解自己，尤其是那些熟悉我们的人。想要了解自己很难，除非别人让我们了解我们是如何影响他们的。

（3）旁观者的角色能够帮你更好地了解自己。

（4）我们经常以为自己在某些事上比实际做得更好，比如达克效应。达克效应是一种认知偏差现象，指的是能力欠缺的人在没有思考的基础上对一件事得出错误结论，无法正确认识到自身的不足，也不能辨别错误行为。

（5）看低自己的人会更加频繁地经历挫折。

（6）你误导了自己却毫不知情。

（7）真实的自己对你更有好处。

（8）没有安全感的人倾向于表现得更有礼貌。

（9）如果你认为自己具有灵活性，你将会做得更好。

模块三
释放情绪

一个人不会因为遭受痛苦而失败，但会因为遭受的痛苦没有意义而失败。

——奥地利心理学家、精神病学家维克多·弗兰克尔

● 向日葵的故事1

文洁是位9岁孩子的母亲，由于丈夫工作繁忙，文洁一个人带着女儿长大，除了照顾孩子她还要上班。每天的生活非常忙碌，女儿总是不听话，丈夫也没有时间来听她倾诉。久而久之，文洁除了脾气越来越不好、爱发火之外，还出现了打人的现象，和丈夫吵架时动手打丈夫，还经常打孩子，动手打人成了她生活中的习惯行为。意识到自己的问题后文洁找到了我，她对自己生起气来就控制不住要打人而且成了习惯这件事也非常苦恼。问她打人时脑子里想了什么，她说往往大脑中一片空白，但这时拳头已经打出去了。事后她非常后悔，但总是控制不住。打人之前是愤怒、生气的负面情绪，打人过后是后悔、自责的次生负面情绪，给她造成了二次伤害，整个人的状态非常糟糕。

根据文洁的情况，我让她学习了紧急压力事件应对训练，并且尽

量多练习,给她制定的目标是打人时能够想起来使用,先不要管方法管不管用。如果晚上回忆当天发生的紧急压力事件时情绪波动还是很大,就练习沉思式RR训练(负性情绪)。除此之外,我还教给她一些宣泄情绪的小方法,比如打枕头、撕纸等,一周后进行反馈。一周后,她兴奋地告诉我她打人的次数下降了一半,每次想打人时都运用了握拳式RR训练,非常有效,当时感觉身体就软了、没劲儿了。进行沉思式RR训练时感觉很神奇,本来想起一件事特别生气,但一用到这个训练火气立刻就没了。打枕头、撕纸这些小方法她也很喜欢,不用对着丈夫孩子发火就可以把火气处理掉,感觉轻松了很多。问她为什么还有一些时候要打人,她说那一些时间都用在孩子身上了,其实自己也是可以控制的,只不过想通过打这种方式让孩子长长记性。一起前来的孩子也说妈妈变了很多,每次看到妈妈在握拳头就知道她在努力地调整自己。和丈夫的沟通也更顺利了一些,能够找时间和丈夫倾诉了,不像以前那样说不到三句话就动起手来。现在整个家庭的氛围都变了,变得和谐融洽了。

评论:认知、情绪、行为这个三角形的任意两端都是相互作用和影响的。对文洁来说,她的压力表现习惯于表现在行为上,也就是打人,只要她感受到压力或者生气发火时就会条件反射地打人,这是她的大脑将情绪和行为之间建立起来的联系。人类的大脑是最擅长建立联系的,对她使用认知调整,效果有限甚至无从下手,因为大部分打人的时候脑子里没有什么特别的想法出现,只是一片空白。显然,她的情绪通过打人得到了释放,负能量得到了消耗,但这是一种非常不好的方式,造成了很多不良后果。比如与丈夫、孩子的关系紧张,无法正常有效地沟通,激化了孩子的逆反心理等,她自己明知道这样做不好却又控制不住。其实类似的情况很多人遇到过，尤其是那些不善于及时宣泄负性情绪的人，比如对负性情绪无人倾诉或者多使用压抑忍耐处理负性情绪的人，往往过一段时间就会莫名其妙地想发火、打人、摔东西等，自己却找不到具体明确的原因，或者一点儿小事就能发很大的脾气，脾气来得快且大，与事情的严重程度明显不成正比，这些都是负性情绪没有得到及时科学的处理造成的。处理负性情绪的方法主要是宣泄、转移和升华，其中宣泄是必须做的，否则负能量在体内得不到释放，后患无穷。在事情发生的当时通过握拳、呼吸，将能量消耗些，能帮助我们顺利度过情绪发展的峰值。情绪是一过性的，发生和持续都与特定事件有关，事情发生过后情绪会逐渐平复下来，只要使用科学的方法顺利度过情绪的峰值，就可以有效地减少情绪对自己和他人造成的不利影响。在事情发生之后，我们要主动使用科学有效的方法将情绪残留的垃圾倒掉，而不能认为事情发生过了就没有问题了，时间长了就好了，这些都可能会造成情绪垃圾在体内积累，时间长了由量变转为质变，引起身体疾病，损害健康，正如老话说的"气出病来"。还有一个误区需要注意，宣泄情绪或者释放负能量的方法，并不是向某人释放。大家是不是有过和别人越吵越生气，火越发越大的经历？不必对着人宣泄，只要把劲儿使出去就行，这也是有些人生气了去跑步运动就能起作用的原因。跑步除了可以转移注意力外还把能量消耗掉了，摔枕头、撕纸这些小方法之所以有效，也是同样的道理。

● 向日葵的故事2

佳慧今年读高三，住在学校，条件不是很好，她说学校周围方圆几百里都是农田。她显然很厌恶学校的环境，再加上高考的压力，刚见面的时候就能够感受到她强烈的负面情绪，尤其是愤怒和不满的情绪。她睡眠质量不好，和同学的关系也不是很理想，负面情绪每天都围绕着她，每天都有压力。考虑到这种情况，我让她每天有规律地进行气泡上升式RR训练，也就是一种倒垃圾（负性情绪应对）方法。我们约了两周一次的面对面调整，每次见面的过程都很曲折，家人要先开车把她从远离城市的地方接到城里，再开五个多小时的车来找我。为了准时会诊，每次都要提前一天来。即使这样，在短短的四周时间内，佳慧就发生了非常大的变化，负性情绪明显减少了，睡眠质量也有了明显改善。在把她的负性情绪调整稳定后，我们开始了认知的调整，她很快意识到自己存在认知偏差，比如要求回报等。练习了一段时间的压力事件应对日记练习，她从纠结于成绩排名的困扰中摆脱出来，从厌恶数学老师的阴影中走了出来，重新以有规律的作息和平稳的心态投入到紧张的高三备考中去。

评论：对于学生群体来说，RR训练往往起效快、效果好，因为年轻人的心身弹性好，调节能力强。RR训练还是一种非药物干预的调整，所以来找我的学生在患者中占很大一部分比例。他们长期处于压力中，要经历中考、高考这样高压的备考期，还处在青春期特殊生理阶段。可以说，学生群体是压力问题的高危人群，需要有规律地使用RR训练中的倒垃圾方法。负性情绪是人类的常见情绪，每天都有可能出现，不可避免，对于长期处于压力中的人群来说更是如此，最好每天将这些情绪垃圾处理掉。只要学生群体的心理问题甚至心理疾病得到及时得当的干预，预后是很不错的。

面对学生由于压力产生负性情绪的问题，给出具体方法比教育、讲道理更有指导性。大家都知道要调整好心态，却不知道怎么调整，一个深呼吸往往比放松心态更具有指导作用。RR 训练简单方便，不会占用太多时间，也不要求特别的场地，随时随地都可以练习，非常适合学生使用，尤其是备战中考、高考的学生。

一、按大脑部位进行情绪应对的方法

什么是情绪？情绪是由大脑产生的躯体和心理状态，既可以驱使人们采取行动又可以强化行为。情绪对我们有好处，尤其是负性情绪，可以保护我们不受到伤害。情绪可以是有意识的也可以是无意识的，你可以拥有一种情绪而完全没有觉察到它。人们经常在情绪的驱使下生活而完全没有注意到被它们所影响着。

负性情绪的应对和处理的方法为释放、转移和升华。负性情绪首先要释放，释放是不能省略的一个步骤，因为负性情绪所产生的负能量在人体内残留下来会后患无穷。然后再根据实际情况进行转移和升华。

大脑中负性情绪的产生和发展一般与以下两个部位密切相关，一个是大脑皮层，另一个是杏仁核。

（一）源于大脑皮层基础上的负性情绪的应对

如果你发现自己将注意力集中在解释图像或者想法上会增加你的负性情绪，比如焦虑、恐惧、担心，那么你正在经历的是大脑皮层上的负性情绪。大脑皮层会产生负性情绪而并不存在实际危险。

举个例子，小明在街上遛狗，他看到一辆消防车正朝着他家的方向驶去，亮着灯呼啸而过，他把这理解为他家着火了，并开始感到非常焦虑。他的焦虑产生的原因是大脑皮层将他所看到的现象解释为他家着火了。实际上，小明没有足够的信息来证实他家着火了或者谁家着火了，看到消防车产生的焦虑是没有理由的，但他想到哪里着火了是合理的。小明没有考虑其他可能，而是想象他家着火了，他的左脑开始工作，考虑火可能是从哪里烧起来的，回想他可能是忘记关煤气了或者是线路出现了老化，同时他的右脑想象出厨房正在冒烟，他的杏仁核对这些想法和图像做出反应。他可能会慌张地往家里跑，即使他家没有遭遇实际的危险。

1. 日常练习

（1）置换想法练习

当你出现一些让你产生负性情绪的想法后，及时觉察到这些想法（觉察训练可以提高觉察的能力），运用应对观点来置换引起负性情绪的想法，下面举一些负性情绪诱发观点和应对观点的例子以供参考。

置换想法练习

负性情绪诱发观点	应对观点
试试也没用，我从来都没把事情做好过。	我要试试，至少我有一个机会来完成这件事。
一些不好的事会发生，我能感觉到。	我不知道将发生什么，这种类似的感觉有时候不准确。
我需要关注这个想法、怀疑或者顾虑。	大脑皮层，你在这件事上花了太多时间，现在该干点别的事了。
我必须胜任自己做的每件事，并且优秀地完成它。	没人是完美的，我是个普通人，也会犯错。
每个人都要喜欢我。	没人能被每个人喜欢，因此我会碰到不喜欢我的人。
我受不了了。	这不是世界末日，我会活下去。
我控制不了对此的担心。	担心从来不会左右事情的发展，只会使我不开心。
我不想让别人失望。	试着去取悦所有人是不可能的，而且会使我精疲力竭，就让它过去吧。
我不能掌控这种局面。	我可以把自己能做的事做好，即使我不能完全掌控整个局面。

（2）想法停止练习

举例：你在花园中工作，担心会碰到蛇。那么你要告诉自己"停！"然后开始转移注意力，想点其他的，干点其他的，比如想想你种的花的名字，听听喜欢的歌曲等等，想一些容易想到的、容易做的，最好是能够产生愉快感受的事情。如果配合置换想法的练习，将"我不能掌握这种情况"的想法置换成"这不容易，但我可以克服困难完成它"，那么效果会更好，这需要练习，最终形成的新的反应方式会成为一种良好的习惯。

（3）转换情绪频道练习

以焦虑为例，习惯焦虑的朋友可以把自己的大脑皮层想象成一个电视机，虽然有成百上千个频道，但你总是选择让你焦虑的频道，很可能自己都不知道。或者你可能注意到了这点，表现为与其对抗。你不想花太多时间来干这个，因为这会将注意力保持在这上面并且持续激活潜在的大脑通路，但却没有办法摆脱。

举个例子，小丽最近参加了一个工作面试。她感觉面试进行得很顺利，但她开始重新想一些回答，想知道这些回答对面试官来说感觉如何。随着时间过去，她担心是否被录用的焦虑在持续增加，她开始担心不会被录用，变得悲观，并且开始认为自己不会得到这份工作。毫无疑问，她在观看焦虑频道。关注到这场面试不是小丽的真实问题，焦虑频道才是真正的问题。如果她意识到这个问题，将关注面试的担心取代为开始找其他工作并且为新的面试做准备，她将不会焦虑。如果她想象着自己在将来的面试中会表现得更好，因为她从这次面试中学到了新的技巧，那么她会变得更积极。当她开始应对即将到来的新面试时，她就不再处于焦虑频道上了。

小丽转换频道的方法是将注意力从过去转移到了将来，还有很多其他转换的方法，比如分散注意力，运用幽默感等，都会成功实现用计划来取代焦虑，也可以采用类似的方法来转换负性情绪，达到调节情绪的目的。

2. 推荐的 RR 训练

沉思式 RR 训练。这项训练是一种有效地应对大脑中出现的想法困扰的训练，可以将我们从迷茫的思维习惯中摆脱出来，分为两种训练。

（1）沉思式 RR 训练——负性（消极）情绪

这项训练要在你出现了负性情绪或者经历了压力事件之后，在时间足够的情况下练习，每次至少练习 20 分钟，因此不要在事件发生时练习，要在事情发生一段时间后练习。这是一种将负性情绪化解掉的方法。饱受胡思乱想困扰的朋友们可以选择这项训练，比如睡觉前想得太多而无法入睡。

平静的时间至少为 10 分钟，给自己充足的时间练习。

（2）沉思式 RR 训练——正性（积极）情绪

第一步：识别出能够使自己深受鼓舞、心存感激或者产生怜悯的积极情绪，一般是自然而然出现的这种情绪。鼓舞、感激、怜悯是对心灵有治愈作用的三种宝贵的积极情绪。

第二步和第三步根据自己识别出的积极情绪进行训练。

该项训练的时间可以在吃早饭前，作为一天的开始；或者在下班回家后练习，作为一天的结束。平静的时间至少为 10 分钟，给自己留充足的时间用来练习。

练习沉思式 RR 训练时，我们一般能很快平静下来。如果思绪很乱，胡思乱想，要多次反复练习才能平静下来。任何训练都是如此，练习得越多，越容易进入状态，只要坚持下来，最终一定会从繁杂的想法中摆脱出来，获得平静并且有所收获。

3. 推荐的迷你 RR 训练

（1）移空式 RR 训练

该项训练是在北京中医药大学刘天君教授移空技术基础上发展出的一种处理负性情绪的技术，可以在地铁上、公交上、回家的路上练习，作为倒掉一天情绪垃圾的方法，也可以在每晚睡前作为睡眠迷你 RR 训练来练习，用来改善睡眠质量。

（2）气泡上升式 RR 训练

这项训练可以在入睡前作为倒垃圾的方法和睡眠迷你 RR 训练来练习，可以将一天的情绪垃圾倒掉，改善睡眠质量。对海水会产生恐惧、焦虑等负性情绪以及在海水中有不舒服感觉的朋友不适合练习气泡上升式 RR 训练。

（二）源于杏仁核基础上的负性情绪的应对

如果你感觉到负性情绪没有可见的原因和逻辑性，你正在感受的是杏仁核基础上的负性情绪。通常表现为身体出现不适，比如心慌、头晕，甚至有想要躲避特定的场景或者有攻击的冲动。另外，在紧急压力事件发生时，要先使用直接作用于杏仁核的技术方法，才能更好地缓解负性情绪。

推荐的 RR 训练

握拳式 RR 训练（紧急压力事件应对训练）

该训练可以在日常生活中随时随地进行，时间可长可短。可以应对紧急压力事件，作为迷你 RR 训练来使用，尤其当身体出现紧张和不适感明显的时候，经过一段时间有规律的训练，可以起到立竿见影的效果。

◉ 向日葵的故事

小宇是名高中生，由于严重的惊恐发作导致在学校的食堂吃饭时吞咽困难，在教室、礼堂等人多的地方会有窒息感，在操场做操时感觉随时会晕倒。见我时已经休学一年，并且一直在服用药物用于治疗。小宇在开始练习RR训练时，连5分钟都无法坚持，经过一段时间的适应，逐渐从连续练习5分钟进展到10分钟、15分钟，最后一整套大约30分钟的练习都能顺利完成，他的药物也逐渐被撤掉。在训练接近一年后，他重新回到了学校。开始时还很艰难，在学校随时会有突发状况发生，为了不让老师照顾他，他并没有把自己的情况告诉老师和同学们，一直独自坚持着。小宇在学校越来越适应，顺利地通过了期中考试，还考得不错。有一次他上课不小心迟到被老师批评，情绪特别激动，想和老师理论，但小宇把拳头握得特别紧，控制住了自己。小宇幽默地回忆这段经历时，告诉我握拳训练有时候不太好做，尤其是和别人起冲突的时候，因为动作太明显，给人的感觉像是要打人，所以他自己发明了一种用脚趾用力抓地的方法，和握拳类似，效果不错还不会被别人发现。现在的小宇越来越自信，也越来越勇敢，他能够接纳自己，能够与自己的症状共存，结果，反而不会过分关注那些症状的表现。他说，一天不做练习就会觉得浑身不舒服。此时的小宇不仅能够解决自己的问题，还经常能觉察到周围同学朋友的压力问题，用学到的方法帮助别人。小宇不仅成长为一朵向着阳光绽放的向日葵，还蜕化为一个向周围传播正能量的小太阳。

评论：小宇的康复离不开有规律地进行RR训练，他最终能够自如地运用握拳训练来应对紧急压力事件，RR训练帮助他成功克服了巨大的恐惧和明显的身体不适。RR训练对每个人都会有效果，而且很多跟我学习的朋友也像小宇一样，根据自己的生活和工作情况，在RR

的指导下开发出属于自己的 RR 训练,使用更方便,效果更好。

二、紧急压力事件应对流程

你是否有过这样的经历:带着强烈的挫败感写了一封邮件并点击了发送键,过后却后悔没让自己的情绪稳定下来;或者在漫长而疲劳的一天后,因为一件小事和你的伴侣或者孩子争吵?

请记住,我们不可能不断地改变现状,但我们有能力改变我们对现状的反应。

当你遇到紧急压力事件时,停下、呼吸、思考、选择的模式能够帮助我们切断压力事件的习惯性反应,进而投入更多的思考,做出更适当的反应。

(1)停下:一会儿(1 秒、10 秒……1 分钟……)。

(2)呼吸:运用你所学过的任何一种诱导放松反应的迷你训练,比如腹式呼吸、握拳训练等。

(3)思考:针对当下的情况,问自己到底发生了什么?真实情况是怎样的?你对这一情况的想法是什么?这些想法现实吗?涉及的其他人的观点是什么?

(4)选择:你想做出怎样的反应,选择一种能够更好地服务于你的反应方式,而不是对这种情况的情绪反应。问你自己:"我的反应对当前的情况有所帮助吗?这会使我感觉更好或者减轻我的压力吗?我的反应可以帮助我自己还是可以帮助他人?"

大家可以在一天中多练习几次停下、呼吸、思考、选择的模式,提高自己对压力的觉察,减少压力反应。尤其情绪反应剧烈、身体反应明显的人,比如惊恐发作的朋友,平时要尽可能多地练习,这样,在实际使用时才不至于想不起来或者临时抱佛脚。可以在家中和工作的地方贴便利贴,或者设置电话提醒,帮助提醒自己做这项训练。

推荐的迷你 RR 训练

（1）腹式呼吸 RR 训练（紧急压力事件应对训练）；

（2）躯体感受应对的 RR 训练。

躯体感受应对的 RR 训练适用于躯体不适感明显的情况，每次训练可以关注躯体不适的不同方面，比如头部、心脏、胃肠道的反应等等。

◉ 向日葵的故事

阿哲是一位惊恐发作的患者，三年前因为一件事情而受到了惊吓，发作时的主要表现是腿软、心跳加快以及手臂发麻。惊恐发作导致他无法再继续工作，甚至放弃了自己一手创办的公司，每天在家中担惊受怕。三年来他辗转多地尝试使用多种方法进行治疗，并且一直服用药物，但效果不佳，还产生了药物依赖。后来他学习了握拳式 RR 训练，习惯了发作时就立即练习。他说，以前没有应对方法，只能依靠药物，现在学习了 RR 训练，就像有了对抗发作的有力武器，心中有底了。他在开始练习身体觉察时根本无法顺利进行，因为身体的不适感太明显，他感觉心脏像开了花一样，经过两个月的握拳式 RR 训练后，已经可以完整地进行身体觉察的练习了。除此之外，他还有规律地进行暴露训练，从害怕发作、尽量避免发作，到主动诱发自己的发作状态，能够进行自我脱敏，从反复询问自己是否能痊愈到接受了与症状共存，还能讲出杏仁核在压力下会肿大等这些比较专业的知识。阿哲的状态只会越来越好，摆脱药物也不再是遥不可及的目标了。

评论：在压力下躯体不适反应比较明显的人，除了适合练习身体觉察训练外，如果情绪表现比较突出，尤其是恐惧情绪，还可以使用握拳式 RR 训练。前者适宜在平时练习，后者可以在紧急压力事件发生时使用。握拳式 RR 训练也可以作为适应性训练，让不能顺利练习身体觉察训练的人逐渐适应身体觉察的训练。二者配合使用，效果更好。

压力在我们日常生活中不可避免，回避是被动的消极应对方式。越回避退缩情绪诱发的压力源，就越会产生恐惧害怕的情绪，形成恶性循环。有些人认为痊愈或者恢复到健康的状态就是完全不出现负面情绪，进而依赖上药物。但真正的痊愈其实是指接纳自己的状态，在出现紧急情况时能够有效应对，和这些症状共存，而不是对抗、消除掉负性情绪和身体不适。那么，当你不关注、不在意、不害怕症状发作的时候，自然达到的效果就像它们不存在一样，你可能不会恢复到生病之前的状态，但这并不影响你很好地、健康地生活下去。

有些朋友对诱发情绪发作的环境、声音、气味、人物等因素敏感性提高，或者开始时只对一种声音敏感，后来对类似的声音也开始敏感了，这是泛化的表现，所以需要把神经的敏感性降下来。在紧急压力事件发生时处理问题的三个关键是有武器应对、进行自我脱敏和将神经的敏感性降下来。SMART-C 压力管理中的 RR 训练恰恰能够满足上述需要，使大家变被动为主动，不再长期依赖药物或者医生，通过提高自身能力来解决问题。

小 Tips

| 摆脱坏情绪的十个小窍门 |

（1）听喜欢的音乐

保证音乐是积极向上的。研究表明，听10分钟经典音乐能够缓解坏情绪、降低血压、心率以及皮质醇。

（2）放纵坏情绪

分配给自己一点儿时间，20分钟左右，顺从你的感觉去行动。摔碎一些鸡蛋、用拳头猛打枕头或者撕碎纸张。凌乱也没关系，但要保证做法是安全的，没有影响到其他人。

（3）创造能量

我们拥有好情绪与拥有能量紧紧联系在一起。做些运动，比如开合跳或者走得更快些。"如果你表现得更加有能量，你会给自己一种拥有更多能量的感觉，就会倾向于鼓舞自己。"

（4）享受一种好味道

吃或者闻一种好味道是一种很好的改善情绪、缓解压力的方式。不需要花费太多时间、精力或者金钱。"如果你关注它，将会如此愉悦""无论是闻一串葡萄、一瓶香草，或者真正注意你所喜欢的咖啡店的香味，都会让你快速恢复过来。"

（5）和其他人联络

当你感到忧郁时，想躺在沙发上看电视。但是如果和别人谈谈，比如像一个销售人员那样侃侃而谈，这将改善你的情绪。如果你在办公室感到沮丧，那么站起来和别人谈几分钟。"对一个内向的人也同样有效""虽然这些人想要一种和大多数人不同的社交互动方式,但他们也同样能从与别人的联系中获得鼓舞"。

(6)给对你重要的人打电话

某些人总是会让你心情好起来。"我打电话给我妻子,她总是积极的,并且总能改变我的情绪。"

(7)晒晒太阳

阳光灿烂的天气会使心情也好转起来。"室外有更多的阳光,即使在阴天的时候也是如此。"在室外待着可以让你清醒并且带给你能量。

(8)着手处理你的工作清单

当我们处在坏情绪中时,我们通常会逃避做一些事情。但是做些你不愿意的事情,比如发一封推迟了的邮件,只需5分钟就可以反转忧郁。一旦邮件发出去了,那么就少了一件需要处理的事情。"你将一个麻烦的任务从清单上划掉了,你可以通过整理工作清单进行自我疗愈。"

(9)为别人做些什么

当莉莉心情不好时,她会去孤儿院,她说:"多幸运我不是一个孤儿,我还可以为孩子们提供帮助。"她的情绪会很快得到改善。可以这样想,与这个世界上其他人的痛苦相比,我的痛苦并不算什么。

(10)做些清洁工作

外在的有序会使内在平静,如果你感到失控或者忧郁,花些时间来清理你的桌子、衣橱或者厨房的平台。"这会带给人们一种奇怪的、不相称的、拥有能量的感觉,甚至是创造力。""当你看到桌子、衣橱或者厨房的平台干净整洁时你会感到更有指挥力,你已经扔掉了不能用的东西,这些可以真正改善你的情绪。"

模块四
唤醒激情

时光荏苒,生命短暂,别将时间浪费在争吵、道歉、伤心和责备上。用时间去爱吧,哪怕只有一瞬间,也不要辜负!

——美国小说家、演说家马克·吐温

◉ 向日葵的故事1

小雪19岁,初中时因为一个压力事件的刺激抑郁后休学一年,后来在药物治疗下重新回到学校,上高中后又因压力大,无法适应而再次休学一年。抑郁使这个曾经美丽、自信、年级排名第一的女孩变得懒惰、自卑、拖延,第一次见面时感觉她的笑容都是苦笑。经过半年的调整,她重新回到了学校,月考考了第二名。开始时我让她做提升阶段的训练,寻找积极情绪的体验。当做完"希望"这个积极情绪时,我猛然抬头,看到她眼角留下了一滴泪,带着微笑,那样美丽,我的眼睛也瞬间湿润了。她是外地的,每次来看病都要坐一夜火车,学习又特别紧张,除了每月一次面对面的心理治疗外,她都是自己在家完成相应的训练。她妈妈起到了很好的监督作用,每天汇报她的训练情况,同时也和女儿一起训练。在提升阶段,她有一个理想自我的练习，每天早晨出门时照照镜子，对着镜子说："我很漂亮！"这是她自己选择要说的话，持续了一段时间后，她妈妈告诉我，女儿现在越来越爱美了，重新绽放出花季年龄的轻松笑容，感觉生活是那么美好。

评论：SMART-C压力管理中的所有练习可以分为基础练习和提升练习两部分内容。基础练习是应对具体问题的练习，比如对负性情绪、失眠、躯体不适、认知偏差、胡思乱想等的练习。在解决了这些基本问题后，还可以进行一段时间的提升练习。小雪使用的积极情绪寻找以及理想自我训练，就属于提升阶段的练习内容，找到自己的优点、品质，发掘身体里潜在的原动力，主动诱发积极情绪，才能生活得更好。

● 向日葵的故事 2

小茹今年读博士三年级，马上就要参加工作了，所以提前到工作岗位上适应。她工作能力很强，脾气很好，在单位受到领导和同事们的喜爱。我第一次见到她时，她坐着轮椅，被父母推进诊室。事情源于和母亲吵架，极度愤怒的她抬腿踢了旁边的凳子，结果把脚趾踢骨折了，医生检查后说手术可能无法复原。这样的事情让人听着都会觉得心痛，她却没有太多感觉。小茹是因感情受挫逐渐发展为抑郁的，后来经常出现情绪失控，无法控制自己的行为并频繁伤到自己。经过一段时间的身体觉察训练后，再让她做同理心练习。第一次练习结束后，她从床上起来做的第一个动作就是抚摸着自己的脚轻声说："真的对不起你，让你受了这么大的伤害。"从那以后，她伤害自己的事情几乎再没有发生过。

评论：同理心是一种非常有力量的积极情绪，同理心练习包括对自我的同理心和对他人的同理心，根据每个人的不同情况分别进行练习，可以提高感受同理心的能力，对整体健康起到促进作用。

积极情绪的诱发对很多人来说不是寻求帮助的原因，至少不是首要原因，因为大家想要解决的是痛苦、困扰的问题。开始时大家运用负性情绪应对的方法比较多，随着时间的推移，把过去和现在的情绪垃圾倒掉后，很多人又陷入了停滞不前的状态，不知道支持自己走向更好明天的力量在哪里，失去了前进的动力，出现了当下流行的"空心病"的表现。所以单纯解决问题是不够的，还要找到自己身上的原动力，比如自己好的品质、兴趣、爱好等等，这些是人身上本来就有的，不是别人教给自己的。在 SMART-C 压力管理的所有练习中，基础练习帮助我们解决过去以及每天出现的问题，而提升练习（如积极情绪诱发的练习）可以帮助我们更好地走向未来。

从前我们只是被动地在遇到好的事情时产生积极的情绪，如高兴喜悦，但生活中不可能总有好的事情发生。我们要变被动为主动，使用方法来诱发积极情绪，把尘封在我们大脑中的愉快记忆提取出来，不仅是为了更好地应对压力，这个过程本身也令人向往，这里就为大家介绍几种能够诱发积极情绪的方法。

（一）积极躯体感觉诱发练习

用 10 分钟想一想或者写下 20 种积极的躯体感觉，你发现了什么？这是不是有点儿难？你是不是想到了如何去形容一些常见的感觉？比如凉爽、温暖、亲吻时的感觉以及愉快的感觉。

很多人在做这个练习时无从做起，会发现我们没有多少词语是用来形容积极躯体感觉的，有的朋友会写下一句话，或者想到一个场景，但没有一个确切具体的词语来形容这种感觉。如果我们想一想或者写下 20 种消极的躯体感觉呢？结果会怎么样？根本不需要花 10 分钟时间，我们就可能完成任务。因为我们有太多关于消极躯体感觉的（症状）词语了。通过这个练习我们将学到的是用语言来帮助我们关注，因为我们缺乏形容积极躯体感觉的语言。

如果我们仔细去关注积极感觉，就能够增加对这些感觉的体验，比如吃香草味的冰激凌时、碰触孩子的手时以及听到笛子悠扬的声音时的感觉。要在生活中主动去发现自己的积极躯体感觉，我们还可以自己命名这些感觉，这些感觉在需要的时候就容易被提取出来。配合 RR 训练，我们能更容易感受到积极躯体感觉。

语言对我们的影响绝对比我们了解的还要大，语言不仅用在人与人之间的沟通交流上，还对人的记忆、心理状态、情绪等的调整起到重要作用。人类的本能是记住更多的负性情绪体验，大多数人能想起来的消极情绪和积极情绪的比例大概是 3 : 1。语言的匮乏正说明我们对这一领域的重视程度不足，积极的躯体感觉就是一个例子，这个被我们忽视的领域并不是无关紧要的，而是至关重要的。除了语言外还可以采用其他方法来帮助记忆、提取积极情绪和积极躯体感觉，比如嗅觉、听觉、触觉等。这是一种很美妙的体验过程，常常会起到意想不到的神奇效果。

❀ 向日葵的故事

博洋是位疾恶如仇的小伙子，颇有路见不平拔刀相助的风范，比如看到马路上有人不守交通规则会愤怒，排队时有人插队会生气。这种性格特点让他整天生活在气愤中，并且影响到了睡眠，经常睡不好觉。后来学习了积极情绪和积极躯体感觉诱发后，他经常会寻找一些自己童年时熟悉和喜爱的味道，比如一种老上海的药皂，那种味道能让他迅速平静下来，他就在自己的枕头底下放了一块药皂，那种味道让他每晚都睡得香甜，没有再出现过睡眠问题。不仅如此，他还随身带着一块药皂，每当情绪要失控的时候就拿出来闻一下。在刚学习完方法后的第三天，他就成功阻止了一次发脾气。到现在已经快一年了，他几乎没发过什么大脾气。除了爱生气外，博洋还有恐癌症，去医院都要回避着墙上的电子屏幕，生怕看到不治之症的名称让他浑身不舒服，虽然不会给生活带来太大的困扰，但也很苦恼。通过长期规律的RR训练，这个问题也基本得到了解决。以前他最头疼的是到岳父岳母家去，博洋和他们的关系不是太亲近，现在他更能理解老人的想法，和岳父岳母的关系更融洽了。在一次体验了当下式饮食练习后他反馈说，结婚三年，第一次发现妻子做的饭很好吃，他们夫妻的关系也越来越好。在业余时间，博洋还尽可能地去做自己喜欢的事情，比如旅游、看动漫和养猫。现在他每天都享受着两个人和四只猫的精彩生活。

评论：人的记忆的形成和提取不仅可以依靠语言，还可以通过除视觉和听觉外的其他感官来完成。科学研究发现，嗅觉对情绪中枢的刺激最快，只是我们平时习惯了使用视觉和听觉，对其他感官开发利用有限。我就特别喜欢雨后青草地的气味，那种清新的带着水气和泥土气息的青草味令人心旷神怡，但这种味道很难保存，最终我找到了一款青草味的香水，和真实的青草味极其相似，每当心情不好的时候，我都会闻一闻这种味道，眼前就会出现一片绿色，感觉整个人得到了净化。让我们现在就开启探索之旅吧，你会发现积极情绪和积极躯体感觉的练习体验使生活变得更美好。

（二）分享练习

我们通常会与别人分享烦恼来应对压力，从自我平衡的角度来说，增加对日常生活中小的、积极的事情的觉察也是非常重要的。这些可以给我们带来分享的愉快和喜悦，增加与周围人的联系。

每天和家人或朋友分享一下最近遇到的好的事或者新的事，哪怕只分享一件事。当你在一天结束第一次回顾当天发生的事情时，注意这样做时的感觉，尽量避免"但是"的出现。

在这项练习中，我们开始思考今天发生的使我们感觉良好的事情（比如：朋友打来的一个电话，一份预料之外的致意，身边人的一个微笑）。"新的事"可能是每天经历的同样的事情，因为每一天都是不同的，所以对于今天来说这件事就是新的。

尽量避免用"但是"来降低这项练习的质量，比如：一个老朋友今天重新打来电话联系，但是这是一个令人尴尬的谈话。最好将"但是"后面的话去掉，因为这会给正能量的经历带来不必要的负面影响。最好只是简单地关注"新的"和"好的"的积极部分。如果有必要，总会有大把的时间来对付"但是"的内容，而不是在做这项练习时。

你自己分享后也可以让家人或朋友一起来分享，当你让他们分享这些"新的"和"好的"的事情时，允许他们使用"但是"而不要立即提出指正，然后问一下新成员，注意观察他们在听到"好的""新的"以及"但是"时情绪是如何变化的。让他们了解到，在我们的生活中，我们是如何被自己的表达方式和他人的表达方式影响的。可以和下面将要介绍的感激日记一起来完成。

与别人分享经历是很好的宣泄情绪、缓解压力的方式，然而大部分时间我们分享的话题都是不好的或者是在抱怨生活乏味，正如那句名言说的:"一份快乐,两个人分享,就变成了两份快乐;一份痛苦,两个人分担,就变成了半份痛苦。"

大多数的人只记住了后半句。我们不太习惯主动和别人分享好的事情和新的事情。在分享好的事时,经常会出现"但是",这是很多人的思维和表达习惯,殊不知这种思维和表达习惯在潜移默化地影响着我们的心情。这项练习可以培养一种新习惯,使真正分享好的事和新的事的机会增多。我还建议每个家庭每天利用 10 ~ 20 分钟的时间来举办家庭会议,内容除了包括大家习惯的吐槽、抱怨、宣泄负性情绪外,还包括对一天生活的总结以及分享好的事和新的事。有小孩子的家庭会发现往往是孩子们能更好地完成这种分享,一些对大人来说微不足道的小事在孩子眼里都会是惊喜,我们要像孩子那样重新与生活建立起联系,因为他们快乐的情绪比我们多很多。

(三)理想自我练习

(1)拿出手机,好好看看镜头中的自己,想一想有什么你希望改变的地方吗?一种更积极和健康的自我形象是什么样的?

(2)闭上眼睛,面带微笑,想象着自己变成你希望的样子,一种更积极和健康的样子,直到你有一种相信自己一定会变成这个样子(停顿 10 个数)的感觉,然后慢慢睁开眼睛。

(3)平时也可以在镜子前想象自己变成希望的样子,同时对自己说出鼓励、感激、赞扬等积极向上的话语,比如"我很漂亮!""我能行!"等等。

开始进行理想自我练习时,会感到尴尬、不好意思或者觉得可笑,是不是习惯了进行自我批评而不是自我表扬?如果对着镜子实在说不出来，可以换成不直接指向自己的语言，比如"今天是美好的一天！"

（四）便利贴练习

在自己的工作或生活环境中贴上便利贴，除了写上RR训练、迷你RR训练等内容来帮助提醒外，还可以写上积极的词语或者话语。比如在办公室的电脑上、家中的镜子上、卧室的门上等等，可以选择自己喜欢的颜色的便利贴。尤其是习惯对自己进行负性暗示的朋友，更需要采用这种方式来帮助自己营造积极的氛围。

❀ 向日葵的故事

阿霞患抑郁症有十多年了，患病期间反复多次服药、停药，最初几次见面她都是以泪洗面，她的睡眠也非常糟糕，长期靠安眠药助眠。参加SMART-C团体学习的前几次内容，她还有些听不太懂，只记住了呼吸觉察训练，每天都规律地练习。后来她学习了便利贴练习，回家后立即行动起来，在卧室的墙上贴上了"感恩""我很好！呵呵！""知足常乐""放下""舍得""开心""快乐""我行！我能行！""幸福""仁爱"这些词，在电视上贴上"哈哈大笑"，在镜子上贴上"你微笑了吗？"。一段时间后她有了变化，脸上多了笑容，那种发自内心的笑容很有感染力，人也变年轻了。她说用了便利贴方法后感觉困扰自己十多年的抑郁就好了，有时走路时也会念叨这些词语，现在每天都美美的。SMART-C压力管理给了她很多信心，让她重新找回了自己，药物也顺利地减了下来。

评论：很多朋友会质疑便利贴练习的有效性，就像理想自我练习一样，不会主动去尝试。如果不尝试，你就永远不会知道它到底有没有效果。永远不要低估积极暗示对我们的影响，阿霞的改变就是最好的例子。现在她还会时不时地来参加团体课，每次都会和新加入的朋友分享自己的故事。执行力不强的朋友，开始时完成练习的可能性不大，这种情况下就需要强有力的支持系统，这时家人的监督提醒就起作用了，如果需要自己提醒自己，这时候便利贴也可以起到很好的提醒作用。

（五）感激日记练习

在每天下班回到家后记录下今天你想要感激的人、事、物，对象可以是自己或他人，每天至少写下5个感激事件。保证其中的一些事件反映了自己、他人以及总体生活。反思哪些事是你真诚感激的，为了加深记忆，你可以和家人、朋友分享这些感激事件。注意在填写日记时，回忆每件事直到你真的感觉到感激的情绪为止（科学研究表明这需要17～30秒钟），不要简单地记录，不要为了完成任务而完成任务。

感激心是一种充满力量的积极情绪，如果你的内心充满感激，那么世界的色彩就会变得不一样。我们平常用太多的时间来抱怨自己和他人，抱怨事情，甚至抱怨天气，却用很少的时间来感激自己、他人、大自然以及周围一切的给予和馈赠。我会感激环卫工人的辛勤工作，将落叶及时打扫干净；会感激今天是个好天气；会感激完成任务的自己。如果你觉得写字太麻烦，也可以躺在床上时想一想今天想要感激的人、事、物，把这个习惯坚持一段时间。

（六）同理心练习

同理心是指去关注或间接地体会别人的感受、想法以及经历。同理心的核心是理解，也被认为是一种最高级的交流形式。相反，缺乏理解是一种常见的产生压力的来源。我们通常将注意力集中在我们认为别人应该做什么或应该说什么上，而不是试着去理解为什么这件事情会发生。同样，许多时候我们不会去思考为什么在特定的情况下自己会表现出特定的样子，也不会去思考为什么这种情绪会突然爆发。在同理心的练习中，我们寻找对他人的怜悯，关注他人的痛苦并且想要去减轻这些痛苦，这是一种应对痛苦以及社交孤立的有用的方法。当我们培养了这种充满怜悯的习惯时，我们将自己放在了一个相对较好的位置上，来识别人与人之间发生冲突时哪种应对行为更有效，这可以使我们减轻焦虑、抑郁以及对他人的敌意。

同理心是一种超越了思考的内在体验，在我们的大脑中有一组神经元是用来理解他人的，如果你关注他人的面部表情和说话的音调，这些神经元就会被激活，触发你身体内部同样的感受。

1. 对他人同理心训练的基本要素

（1）非评判性地觉察对方说话的语调、面部的表情等等；

（2）接纳一种可能不同的事实；

（3）积极关怀；

（4）获取观点，包括获取他人看待形势的观点；

（5）觉察他人的情感体验；

（6）运用你的理解来进行沟通和交流从而判定和改善情况。

2. 对他人具有同理心的训练

可以采用 EMPATHY 关注法逐步来进行，具体内容如下：

E=Eye contact，即目光接触，要与对方有目光接触，用眼睛来观察对方；

M=Muscles of facial expression，即参与面部表情的肌肉，观察对方参与面部表情的肌肉的变化；

P=Posture/Position，即姿势/位置，观察对方摆的姿势以及位置的特点，比如是高高在上还是俯身倾听；

A=Affect，即情感，观察感受对方投入的情感，是愤怒的、关切的还是其他的情感；

T=Tone of voice，即语调，感受对方说话的语调是怎样的；

H=Healing: what would be healing for this person? 即治愈：什么可以治愈这个人？是关怀、爱还是原谅等？

Y=Your response，即你的反应，你对对方做出的反应。

可以运用上面的步骤来决定自己最终做出什么样的反应，即运用同理心的方法做出的反应。

3. 对自我的同理心训练

通常那些对别人有同理心的人对自己很难有同理心。想象面对一个让你感到有压力的情况，一般你是如何反应的？

我太笨了！我做得太糟糕了！

想象一下你是如何对自己说话的？你的声调是积极的吗？是带有支持性的吗？

如果你对你的朋友像你对自己这样说话，那么会怎样？

你想和一个像你对待自己这样的人做朋友吗？

可以按照下面的指导语来进行练习。

（1）回想生活中遇到的一件使你感到有压力的事。

（2）回忆这件事，看看自己是否真的感受到了身体内部由于情绪引起的压力。

（3）现在非评判性地对自己说"现在是一个痛苦的时刻"——告知自己此时此刻正在经历一种情绪体验，而不去评判这种体验是好是坏。你也可以对自己说"这很疼"或者"这压力很大"，用任何一种让你感到最自然的语句来描述它。

（4）对自己说"痛苦是生活的一部分"，所有人都有可能尝试这些经历，你不是异类，不是不正常，也不比别人弱。其他类似的陈述包括"其他人也会感觉到这些""我并不孤独"或者"我们在生活中都有过挣扎"等等。

（5）将你的双手放到心脏的部位，感觉你的胸部和双手的温暖以及温柔的碰触，然后说"我能够对自己好一点儿"，这是一种对自己友善的表达方式。你也可以考虑使用其他特定的语句，在特定的情况下对自己说，"我可以给自己一些需要的怜悯""我能够接受我就是我""我能够学着去接受我就是我""我可以原谅我自己""我可以有耐心""我太不容易了"等等。

同理心练习的时间为 5 分钟。如果每次在做练习时感到有挑战，可以试着每周练习一次，这种练习可以在一天的任何时间进行。如果在相对平静的时候练习，可以更容易体验到自我同理心训练的三个关键——不带有评判、人类共性以及对自己友善。

（七）愉快行为发现练习

（1）用一张白纸画出一个圆饼图，代表自己每天 24 小时的时间，将这张饼分为若干份，按照每天的时间安排比例，比如：睡眠 7 小时，工作 8 小时等等。

（2）在另一张白纸上写下 20 个能够带给你快乐的行为或活动

（愉快行为）。

（3）将自己的愉快行为与之前画的饼图做比较，你的饼图上包含了多少愉快行为？这些愉快行为占的比例是多少？25%？50%？或者更多？

（4）如果愉快行为比例超过50%，思考一下你是如何做到的。如果愉快行为比例少于50%，思考一下：你能在日常生活中增加那些愉快行为吗？怎样增加？

可以每隔一段时间做一次愉快行为发现练习，对自己愉快行为的状况加以总结。当压力累积起来时，我们会非常关注负性的东西，以至于忘记了能够给我们带来快乐的事情。但是，你可以记住让你快乐的事情，这是你生活的一种选择，你有权利这样做。可能你已经很久没有这样做了，或者你虽然做了但没有全身心投入，因为负性的想法干扰了你的感受。比如，你可能认为自己钢琴弹得不好，就懒得弹了；你可能觉得自己没有足够的时间在天气好的时候出去散散步等，这些都是需要觉察并加以控制的想法，只有控制它们，才不会阻碍你全身心投入到让你感到愉快的活动中。关注每天你能够从事的愉快行为会帮助你转移观点，带你体验简单的积极感受。花时间尽可能仔细地关注我们的行为，能够扩大我们觉察的视野并且获得适应性观点，帮助我们更有效地应对压力。愉快行为发现练习也会提醒我们拥有平衡的生活，觉察到最简单的事情能带给我们的快乐和意义。

唤醒激情的方法还有三种推荐的RR训练方法，分别为：沉思式RR训练——正性（积极）情绪、爱与仁慈式RR训练和领悟想象式RR训练。

沉思式RR训练——正性（积极）情绪的训练方法与前文介绍

的相同；爱与仁慈式 RR 训练可以在任何时候进行，如果在早上迎着阳光来练习，会更好地感受到内心充满温暖的感觉，还可以和别人一起练习，在练习的时候手拉着手来完成；领悟想象式 RR 训练可以在任何时候进行，如果在早上迎着阳光练习，会有更好的体验，尤其对于想象力丰富、脑洞比较大的人可以多加尝试。

> 小 Tips

| 寻找积极情绪 |

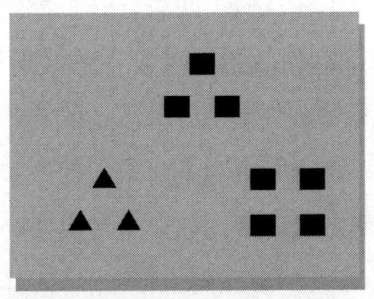

首先看一下这张图片,与最上面的图形相比,下面两个图形哪个和上面的图形更接近呢?

寻找积极情绪。基本步骤:回忆、感受、记录、提取。下面用十种重要的积极情绪来说明这个过程。

(1)喜悦。想象着这样一个场景,你周围的环境是安全而熟悉的,事情都按照你预想的进行——甚至比你预想的要更好,现在只需要你做出一点努力,你就会感到喜悦。比如:当你第一次抱起新出生的孩子时,你的感受如何?

可能很多其他的情况也会让你感到喜悦。可能是你的伴侣给了你一个生日惊喜,或者你获得了意外的大奖,或者你和朋友出去吃饭。

喜悦的感受是明亮和轻快的,颜色更加鲜活(绿色),脚下有了春天,脸上带着微笑,内心洋溢着光亮,你完全投入到喜悦的情绪中。那么什么会带给你喜悦呢?最后一次有这种感觉是什么时候?你在哪儿?你在做什么?你的身体有什么感觉?有没有哪个部位有特别明显的感觉呢？你可以用一句话或者干脆创造一个词语来形容这种感觉。这些感受将深深地被你的大脑记住，在需要的时候被你记起，给你带来喜悦的感受。

（2）感激。想象你意识到有人在帮助你。你的邻居，一位退休教师，热情款待了你孩子一下午；一位导师给你职业方向做了指导；你的另一半打扫了卫生并且做了晚餐；一个售货员态度很好地帮你换了你想换的商品。或者可能根本不是某人给你带来了巨大的帮助，像我们呼吸新鲜的空气、有健康的身体，或者疲倦的时候有一个安全舒适的地方休息。在任何情况下，当一种事物在我们的生活中作为礼物出现时，感激就会出现，注意是感激而不是亏欠。如果你感觉要偿还某人的给予，那么就不是感激，这会让你感到不愉快。感激对于偿还是自由的、有创造性的。真正的愉快是与喜悦和发自内心的感激结合在一起的。感激不是我们教育孩子的规矩，我发现太多次当孩子们收到礼物或者被友好对待时，大人会强迫他们说一句单调的"谢谢"，他们是礼貌的，但不是感激的。感激不是没有情感的行为或者符合常规的互惠活动（你帮助我，我也帮助你），真正的感激是发自内心的。你最后一次感到感激是什么时候？是真正的敞开心扉的感激，而不是有礼貌或者感到亏欠。你的身体是什么感觉？有没有哪个部位有特别明显的感觉？你可以用一句话或者干脆创造一个词语来形容这种感觉。这些感觉将深深地被你的大脑记住，在需要的时候被你记起，给你带来感激的感受。

（3）平静。和喜悦一样，平静的时候你的环境是安全和熟悉的，并且需要你自己做出一点努力。这些平静的时候，是你当前的环境是如此舒服和恰当的时候；是你经过一天繁忙的工作躺在沙发中休息的时候；是你在明媚的早晨漫步在海边的沙滩上，海浪的声音充满你的大脑,有一丝丝凉意的微风吹拂着你的脸庞的时候;是打开一本好书抱着一只温暖的猫咪,还有你最喜欢的茶放在旁边的时候;是全身躺在松软的沙发上,整个身体下陷到沙发里的时候;想想你最后一次体验这种感觉的情景是什么样的,你的身体是什么感觉?有没有哪个部位有特别明显的感觉呢?你可以用一句话或者干脆创造一个词语来形容这种感觉。它将深深地被你的大脑记住,在需要的时候被你记起,给你带来平静的感受。

(4)兴趣。此时你感到非常安全,一些新的或者与以往不同的东西吸引了你的注意力,将一种神秘的感觉充满了你的身体。和喜悦以及平静不同,充满兴趣的感觉需要通过努力以及你自己的注意力来获得。你完全被迷住了,你被拉着去探索,使自己融入刚刚的发现中。这种感觉是当你发现了森林中一条新的小路想要了解它通向哪里的感觉;是当你解锁了一系列新挑战使自己技术增强时的感觉;是那本让人着迷的新书给你带来新想法的感觉。当你感兴趣时,你感到自己的内心被打开并真切地感受到自己活着。你能够感觉到眼界开阔了,并且同时感受到自己还有很多可能性。这些兴趣召唤着你去探索,产生新想法,学习更多的东西。你的兴趣最后一次牵着你的鼻子走是什么时候?想想当时你的身体有什么感觉,有没有哪个部位有特别明显的感觉?你可以用一句话或者干脆创造一个词语来形容这种感觉。它将深深地被你的大脑记住,在需要的时候被你记起,给你带来充满好奇的感觉。

(5)希望。希望是个例外,希望产生在事情进展得不好时,或者事情的发展有可见的不确定性时,希望在无望或者绝望时出现。可能你刚考砸了一场重要的考试、刚失业、在胸部发现一个肿块,或者在车祸现场抢救你的孩子。希望出现在这些绝望的时刻,是

"害怕最坏的结果,渴望稍微好一点儿"的感觉。希望深处的核心是对事情能够改变的信念,无论当时的情况多么糟或者不确定,事情都可以好起来,可能性都存在。希望使你坚持了下来,使你不至于因为绝望而崩溃。希望促使你开发自己的能力以及创造性来让事情变得不同。希望激励你来计划更好的未来。想想你最后一次满怀希望是什么时候?当时你的身体有什么感觉?有没有哪个部位有特别明显的感觉?你可以用一句话或者干脆创造一个词语来形容这种感觉,它将深深地被你的大脑记住,在需要的时候被你记起,给你带来充满希望的感觉。

(6)骄傲。骄傲作为一种积极情绪时,带着适当的谦虚以及温和。骄傲的感觉伴随着成就而来;在你开发的技术成功的时候;在你成功地完成了家用电器的改造的时候,比如重装了洗衣机;在阳台上种好了花草,或者重新布置了你的卧室;在你考得不错、赢得了比赛、做成了一笔生意或者发表了你的观点的时候;在你发现帮助他人或者给予指导让他们变得不一样的时候。这些不只是一些成就,我们还感觉到我们的行为被他人所重视,带有想要把自己的成就和别人分享的冲动,通过语言表达"嘿,看看我做了什么",通过姿势表现"站直,挺胸抬头,面带微笑,双臂上举"。想想最后一次你感到骄傲是什么时候?什么使你感到骄傲?骄傲激励你做了什么?当时你的身体有什么感觉?有没有哪个部位有特别明显的感觉?你可以用一句话或者干脆创造一个词语来形容这种感觉。它将深深地被你的大脑记住,在需要的时候被你记起,给你带来骄傲的感觉。

骄傲具有两面性。我们通常说骄傲会使人头脑膨胀,或者骄傲后会跟着失败,随之而来的是羞愧和内疚。任何情绪都可能过度,如果不加以觉察和提醒，骄傲会变成自大。

（7）娱乐。有些意想不到的事情会让你大笑。比如，一个朋友吃过你新发明的菜后做了一个滑稽的表情；邻居或者同事开玩笑地说了最近开得最糟糕的会议。发自内心的娱乐的感觉是非严肃的，带来不可抑制地想要大笑的感觉，想要把这种快乐和别人分享。想想最后一次你觉得开心的场景是什么时候？当时你的身体有什么感觉？有没有哪个部位有特别明显的感觉呢？你可以用一句话或者干脆创造一个词语来形容这种感觉。它将深深地被你的大脑记住，在需要的时候被你记起，给你带来娱乐的感觉，或者出乎意料的事情使你大笑的感觉。

（8）鼓舞。有时候你会看到人类善的一面，会使你深受鼓舞并振作起来。可能是你看到一个同事耐心地帮助一个迷路的老人，或者你读了一首直指人类灵魂的诗歌，或者你见证了团队核心成员做到了他们最好的结果。鼓舞的感觉会抓住你的注意力，温暖你的内心，吸引住你。鼓舞并不只是单纯的感觉好，它使你产生了想要做到最好的冲动，使你可以到达更好的层面。鼓舞把我们从自我关注的壳中拉出来。然而，鼓舞有一个邪恶的双胞胎，叫作嫉妒，当你看到别人出色时会产生负面回应。你对别人的出色如何回应是一种选择，这种选择取决于你的内心是打开的还是关闭的。想想最后一次你感受鼓舞的场景是什么时候？当时你的身体有什么感觉？有没有哪个部位有特别明显的感觉？你可以用一句话或者干脆创造一个词语来形容这种感觉。它将深深地被你的大脑记住，在需要的时候被你记起，给你带来深受鼓舞的感觉。

（9）敬畏。敬畏产生于当你偶然发现非常好的事情时，你为这种伟大而折服，通过比较，你感到自己的渺小和卑微。敬畏使你自愿与其融合在一起，你感到自己是某种比你更伟大的事物的一部分。在精神层面，你学习并适应伟大的事物。有时你对自然产生敬畏，比如在傍晚看日落时，听到或者感受到海浪冲击岩石的力量时。有时你对人类感到敬畏，比如当你看到人类第一次登上月球或者登上珠穆朗玛峰时。敬畏带着一丝丝恐惧。想想最后一次你感受到敬畏的场景是什么时候？当时你的身体有什么感觉？有没有哪个部位有特别明显的感觉？你可以用一句话或者干脆创造一个词语来形容这种感觉。它将深深地被你的大脑记住，在需要的时候被你记起，给你带来感到敬畏的感觉。

（10）爱。爱不是单——种积极情绪，而是包含了上述所有积极情绪的一种情绪，包含了喜悦、感激、平静、兴趣、希望、骄傲、娱乐、鼓舞以及敬畏。当这些积极的情绪唤起我们内心的安全感时，我们称其为爱，比如一段亲密关系的建立。在早期的关系中，你对新认识的人的每件事都非常感兴趣。你们一起分享娱乐的感受，一起大笑。当你们建立起关系并且可能超出了你的预期时，会带来巨大的快乐，你们开始分享对未来的希望和梦想。当关系变得更加稳固后，你会处于因彼此充满爱的安全感而带来的舒适平静中。你感激所爱的人带给你的快乐，为你们共同达到的成就而感到骄傲，为这些美好而深受鼓舞，为宇宙的神奇力量让你们相遇而感到敬畏。这些时刻都可以被称为爱。爱是一种状态，带着某种冲动，并不只是简单的关系描述。和你的伴侣、孩子、父母或者兄弟姐妹在一起，回想一个你感到有爱的冲动的场景是什么时候？当时你的身体有什么感觉？有没有哪个部位有特别明显的感觉？你可以用一句话或者干脆创造一个词语来形容这种感觉。它将深深地被你的大脑记住，在需要的时候被你记起，给你带来爱的感觉。

再看一下最初的那张图片，和最上面的图形相比，下面两个图形哪个和上面的图形更接近？和第一次相比，你的选择是否发生了变化？

很多朋友在学习 SMART-C 压力管理之前会选择右侧的图形，而学习之后或者在训练过程中就会选择左侧的图形。其实两种选择没有对错，或者没有好坏的区分，只是科学研究发现，选择右侧图形的人更加关注细节，而选择左侧的人则更加关注整体。我们常常强调要把自己打开，这种打开是全方位的打开，不单指敞开心胸，把注意力从细节扩展到整体也是打开的一种重要表现。

模块五
关注当下

"我们可以在我们破碎的地方变得最强大。"

——美国作家欧内斯特·米勒·海明威

❀ 向日葵的故事1

丽娟的童年是在父亲酗酒的阴影中度过的,童年的阴影直接导致她高考发挥失常。在她读大学时母亲因为得肿瘤去世了,她只能和父亲生活在一起。毕业后她当了一名职高的老师,受到学生的恐吓,逐渐抑郁,生活中没有什么能让她高兴起来的事情。她经常担心害怕,同时又会痛恨自己的弱小无能,经常一个人偷偷掉眼泪。在关注当下的体验中,她找到了自己的快乐源泉,那就是做饭和做家务。每当不开心的时候她都会下厨做好吃的或者打扫房间,重新将注意力集中到正在做的美食或者家务上。没有烦恼的时候也会去做,全身心地投入其中。这需要一段时间来练习,她有时会做好几个小时,做到深更半夜,只要做这些她喜欢做的事情,时间就过得特别快,她说她会沉浸其中忘记了时间,感觉很快乐。在参加了压力管理团体课两个多月的时间里她胖了十多斤。她以前很瘦,现在人看上去气色好多了。

评论：SMART-C压力管理的一个原则是，提供的方法尽量不给大家的日常生活增加额外的负担和压力，最好能在每天要做的常规事情中完成。本模块的内容包括关注当下的训练，以及在自己的日常生活中运用关注当下的方法两部分内容。对大部分朋友来说，后者更为重要，因为不是谁都能坚持有规律地完成训练，即使每次只需要30分钟。下厨和做家务这些本来就是丽娟平时要做的事情，也曾经是她的兴趣爱好，抑郁导致她行动力变差，对什么都不感兴趣，提醒她用关注当下的方式去做曾经喜欢做的事情，不久后就重新激发出她的快乐，进而明显改善了抑郁状况，整个人的状态也逐渐好了起来。因此，主动寻找和做自己感兴趣的事情，用关注当下的方式投入其中，作为调节压力和调节情绪的开始方式操作起来会更容易一些，对伴随着行动力变差的抑郁同样有效。

大家不要担心，关注当下的方式不会让你变胖，丽娟的情况比较特殊，她对自己体重增加这件事表示很开心。实际上，在大部分情况下，关注当下是会帮助大家减肥的，而且是快乐地减肥，具体原因会在本模块中介绍。

◉ 向日葵的故事2

大刚在失业后又经历了失恋的打击，连续几个月都闷闷不乐。找工作的过程并不顺利，他总是感觉面试官在故意刁难他，谈话很难继续下去，这让他烦躁和焦虑。几年前他做过心理咨询，感觉不错，所以这次出现问题后还是寻求心理方面的调整。在接触了SMART-C压力管理后，他的生活可以说发生了翻天覆地的变化。首先是面试的机会增多了，好机会太多让他难以抉择。这个变化是怎么来的呢？这要从他学习了关注当下内容之后的一次实践中讲起。那天他预约了一个面试，面试的地点在一栋20多层的大楼上，他当时在走廊里等待面试，心里依旧很忐忑。不经意间顺着窗户向外看，忽然注意到楼下的停车场里有辆车停歪了，这个现象吸引了他。于是他想起课上教的关注当下的方法，仔细看着这辆停歪了的车，思索着车子是怎么停成这样的，不去评判车子停歪了是对还是错，只是去观察这个现象并分析原因，直到他被叫进去面试。这场面试持续了3个多小时，原因是他和面试官聊得太投缘，完全没有注意到时间的流逝。第一次体验了这么轻松愉快的面试，他感觉不可思议，不仅之前的紧张担心在进入面试房间的时候一扫而光，甚至对这场面试还有意犹未尽的感觉。接着，他又找到了心爱的女孩儿，并且每晚做俯卧撑，也是用关注当下的方法来完成。观察着身体的感受，比如不会因为肌肉的酸痛感坚持不下去，而只是观察着这种酸痛的特点，从最初能做70多个俯卧撑到现在能做120个俯卧撑，大刚不仅心情变得越来越好，身体也越来越强壮了。

评论：可能大家在看到这个案例时会感觉有些不可思议，但这的确是现实生活中发生的真实事情。刚开始接触关注当下内容的朋友会觉得莫名其妙，因为这些内容貌似和你想要解决的问题关系不大，甚至八竿子打不着。比如你想要解决失眠问题，我却让你观察脑海中的想法；你想要缓解抑郁的情绪，我却让你全身心地投入到吃一个橘子中；你想要减少焦虑的情绪，我却让你感受走路时脚趾对地面的挤压感。正是这些练习，会让你逐渐从对过去的纠结、未来的担心、评判对错以及胡思乱想中抽离出来，你大脑的工作模式在潜移默化地发生着改变。大刚在面试前对车的观察不带有任何感情色彩，当然也就不会产生任何负面情绪，同时他的注意力都被这辆车吸引过去，有效地缓解了之前因面试而造成的紧张焦虑的情绪，让他处于平静中，用这种状态去面试，效果自然会更好。关注当下的方法可以有效地帮助我们平静内心，经过一段时间的练习还可以促进积极情绪的产生。究其原因，并不是生活中我们遇到的好事变多了，而是我们可以有效地避免那些不必要的由自己造成的烦恼。比如前面丽娟的例子，她做自己喜欢做的事情，每天的时间本来就只有那么多，不开心的时间减少了，平静、开心的时间所占的比例自然就会变多。

◉ 向日葵的故事3

赵女士今年60多岁，从更年期开始睡眠就不好了，一到晚上就睡不着觉。表现为晚上只要躺在床上就会胡思乱想，越想越兴奋，后来她吃上了安眠药，一吃就是好几年。随着年龄增大，身体越来越不好，记忆力下降、注意力减退，还得了糖尿病和高血压，大把大把地吃药。她感觉把胃都吃坏了，总是担心药物的副作用，担心再这么下去身体会出大问题。她最想解决的是睡觉前胡思乱想的问题，所以我让她着重练习当下式RR训练（关于声音和想法）。她开始时很不适应，但还是坚持了下来，配合着恢复自然睡眠三原则来练习，大约八周后她发现了自己的变化，开始还像是在和想法做斗争的感觉，慢慢地大脑里的想法好像变少了，现在躺在床上不知不觉就会睡着了。有了效果后赵女士更有信心了，她现在会尽量把自己白天的时间利用起来，除了照顾上学的小孙子外，不再每天都琢磨着晚上睡觉那点事了。

评论：压力和情绪比较容易影响到睡眠。除了压力和情绪这些因素外，能够影响睡眠的因素还有很多，比如一年四季的变化、年龄的变化等，特别是一些人生中的特殊阶段，比如女性的月经期前后、孕期、哺乳期、更年期等等。常会听到有人说他的睡眠一下子变差了，或者每年春秋季节都睡不好觉。找到影响我们睡眠的原因并不容易，但调整睡眠不一定要找到原因，运用基本的睡眠健康教育、睡眠的行为治疗方法（恢复自然睡眠三原则）以及RR训练对解决大部分的睡眠问题都会起到不错的效果，并且可以和药物等其他方法联合使用，互相促进。练习RR训练能让人放松，这也是为什么很多朋友在开始练习RR训练时会不可抑制地睡着的原因。不同的RR训练还能起到不同的作用，其中当下式RR训练（关于声音和想法）是一组专门用来应对大脑中想法多、胡思乱想、"脑子停不下来"的训练。我们在遇到这样的问题时本能的处理方法是告诉自己"别想了，别想了，该睡觉了"，这实际上是没有效果的，就像越发火越生气一样，大脑的第一反应欺骗了我们，这样做根本不能解决问题，还会衍生出许多其他的问题。该怎么办呢？

RR训练（关于声音和想法）训练了我们相应的脑区，把我们从困扰自己的想法中解脱出来。对强迫性思维（又称强迫观念，是指强迫症患者脑海中反复多次出现某一观念或概念，伴有主观的被强迫感和痛苦感。患者完全能够意识到这一思想是不必要的，或者是荒谬的，并力图把这些想法从脑海中驱赶出去，但对这种思想并不能自由地加以干涉或控制，因此常有控制不住的体验，同时伴有烦躁焦虑的情绪，存在自我强迫和反强迫）同样有效，在本模块中将会介绍另一个案例说明这种情况。

一、关注当下的原因

关注当下是越来越被人们所称道的生活理念，SMART-C压力管理将其纳入整个体系中，并在SMART-C中单独以一个模块出现，可见它对有效管理压力的重要性。本模块将着重为大家说明两个问题：为什么要关注当下？怎样关注当下？

在当今社会中，常见的两种精神心理疾病是抑郁症和焦虑症，大家都有所耳闻。那么什么叫抑郁症？什么叫焦虑症？你又了解多少呢？你了解的都是正确的吗？是不是抑郁症一定和自杀画等号？焦虑症有没有办法痊愈呢？

简单地理解起来，抑郁症是活在过去的人，焦虑症是活在未来的人，这两种人都没有关注当下。抑郁症有一个常见表现叫作思维反刍，就是反反复复为过去说过的话和做过的事内疚和后悔自责，总想着如果能重新回到过去该有多好，如果回到过去就一定不会那么做，一定要把那句话说出来，诸如此类的想法总是纠缠着抑郁症患者，无法自拔。可以说，抑郁的人从未走出曾经的那段痛苦，饱受由此引发的忧伤折磨。焦虑的人所焦虑的事情都是指向未来的，他们一直惶恐和担忧着未来还没发生的事情，饱受由此引发的恐惧和担心的折磨。如果能将抑郁和焦虑的人的思绪拉回到当下，让他们关注当下，他们的状态是不是就会好一些呢？

对抑郁症和焦虑症患者来说，提倡关注当下可以减轻他们的病症，而对于普通人来说，关注当下又有什么好处呢？你是不是也经常出现以下几个现象，并饱受其困扰呢？

1. 静不下来

想安静下来或者想睡觉而睡不着的时候。做 RR 训练时，你需要克服这些东西，比如：想法、念头、心里的感受、身体感觉、其他围绕在你周围的人、声音的干扰等，无时无刻，通过一面滤镜把它们过滤掉，这一点并不容易做到。

2. 缺乏兴趣和乐趣

在你的生活中有多少事情是按照自动行为模式去做的？自动行

为模式也就是习惯。比如你每天按部就班地工作和生活，早上坐地铁或者公交到公司，打开电脑，在做这些事情时，你有情绪波动吗？做事的时候脑子里会想着怎么坐地铁、坐公交吗？如何打开电脑？还是早已习惯了，成为一系列自动化、机械化的行为模式？因为这些事情重复了无数次，因为熟悉和了解而缺乏兴趣和乐趣，这样的生活状态很危险。

3. 走神儿，没有办法集中注意力

当你坐车、走路、吃饭时，或者和朋友聊天时，你的脑袋里都在想什么，是不是有成百上千的想法在干扰着你？有时候会错过要下车的那一站，中午饿了所以要吃点儿东西，只知道吃的是米饭和菜，因为一直想着下午要完成的工作，至于午餐具体是什么味道，和以前吃的一样还是更好吃一些，这些全然不知。

关注当下的方法可以运用到我们生活的方方面面中，可以从对呼吸、声音和想法的训练开始。这些训练可以帮助我们关掉自动行为模式，参与到每分每秒的真实生活中。通过训练可以使你重新找到每天生活的意义，更好地享受生活的每一刻。这些训练看似简单，但要想让它们成为你的一种生活方式却需要有意识地练习，在短时间内你可能没有感觉到它的好处，但长此以往会让你受益很多。本模块介绍的方法会帮助你建立对当下新的关注方式和接受的思维模式。经过一段时间的训练，你培养的关注当下的能力越强，你在压力面前就会表现得越坚强，活得越健康。

二、关于正念

正念（Mindfulness）一词来源于佛教，最初具有三层含义：意识、注意和记忆，乔·卡巴金教授认为：正念是以一种特殊的方式有意地将注意力集中在当下（关注当下），不带有任何评判。

这个概念中有三个要点：一是有意地进行，就是做正念练习或者使用正念方法时一定是有意为之，不能随便进行；二是将注意力集中在当下，注意是集中在此时此刻，不是集中在过去，也不是集中在未来；三是不带有任何评判，这是卡巴金教授提出的正念概念的关键所在，是他在原本正念概念的基础上加上去的内容，加上了这句话，使正念练习变得更具有可操作性。

为什么要练习不带有任何评判的观察和体验能力呢？在日常生活中充满了我们喜欢还是不喜欢一个人、这件事我做得对还是错诸如此类的评判。如果我们没有这些评判，保持中立的态度，就不会产生任何情绪，包括负性情绪。正念练习在初期时也可以帮助我们放松自己，可以作为 RR 训练来使用，但随着练习的深入和时间的延长会产生令人清醒、兴奋的效果，失眠的朋友睡前慎用。

对于所有人来说，关注当下可以为我们提供一种解决压力问题的好方法，以一种不一样的方式生活，让生活变得更美好。

三、推荐的 RR 训练

推荐的 RR 训练中不仅包括呼吸觉察式 RR 训练和声音的当下式 RR 训练，还包括想法的当下式 RR 训练和动作的当下式 RR 训练。

呼吸觉察式 RR 训练是基础训练，具体训练方法与模块一中的觉察压力的训练方法相同；声音的当下式 RR 训练需要选取一段声音，最好是不规律的声音，跟随指导语进行练习。练习之后你感觉如何？有什么发现？你的情绪有波动吗？你是否感觉到了放松和平静？最开始的时候，最好给自己留充足的时间来进行训练，循序渐进，因为在训练的过程中可能会出现烦躁、听不进去的情况。

1. 想法的当下式 RR 训练

与呼吸觉察式 RR 训练和声音的当下式 RR 训练相比，这项训练难度要大一些，可以在前两种练习方法能够达到比较舒服自然的状态后进行练习。练习之后你感觉如何？有什么发现？你的情绪有波动吗？你是否感觉到了放松和平静？最开始进行训练的时候，最好给自己留出充足的时间，循序渐进地进行，因为在训练的过程中可能会出现烦躁、不能完全投入的情况。呼吸、声音、想法可以合并在一起连续训练，加强大脑任务转换的能力。

◉ 向日葵的故事

小薛是典型的理工男，马上就要大学毕业了，准备到国外继续深造。他善于逻辑思考、做计划，又有一点追求完美和强迫的倾向，导致每天都活得很累，主要表现在脑子很累，和父母经常因为观点不一致而争吵。有一次一家三口因为从家去一个地方怎么走吵了起来。去的方式有走路、坐公交和打车，经过仔细考虑后，小薛认为打车是最好的方式。为什么最好呢？因为和走路以及坐公交相比能早到十来分钟。听到这个答案时，相信大家都和我一样哭笑不得吧？小薛也知道有时候自己没必要这么较真，想控制自己不要这样，但就是控制不住大脑，又面临着出国留学申请的压力，身体症状表现得越来越明显了。我教他用关注当下的方法来对待自己脑海中出现的想法，只做观察不做评判，很快他就感到轻松了不少。经过一段时间有规律的训练，他还认识到自己在认知上追求完美的问题，配合认知的调整后开启了人生的新旅程。

评论：小薛开始认为自己是与父母的关系出现了问题，他妈妈也是因为和孩子总吵架才找到我的。开始从这方面处理收效甚微，因为小薛不认为是自己认知的问题，只觉得脑子累、休息不好是个麻烦事。帮他解决了这个问题后，伴随着觉察能力的提高，他开始注意到自己的其他问题，和父母的关系自然得到了改善。强迫性思维在强迫症中是比较难改善的一种，患者在日常生活中会逐渐发展为对任何事都用仪式化的思维模式来完成，情况严重时必须用药物配合行为治疗进行干预，想法的当下式 RR 训练为我们提供了一种新的有效方法。在症状出现越早越轻时引入并能较好地坚持下来，效果就越好。

2. 动作的当下式 RR 训练

试着做几个简单的肢体动作，比如拉伸手臂、抬腿、弯腰、低头、转身等，在做动作的同时，观察不同部位肌肉的运动特点和变化，不去评判自己的感受，只是观察。练习之后你感觉如何？有什么发现？你的情绪有波动吗？你是否感觉到了放松和平静？是不是持续时间比以前更长了呢？喜欢运动的朋友在运动的时候也可以尝试用这种方法来体验，可能进步更快，过程也不会那么痛苦了。

四、日常练习

（一）当下式饮食练习

每个人每天都要吃东西，一日三餐是我们日常生活中必不可少的重要环节。当下式饮食是指调动一切感观来全身心地投入到吃这个行为中，用一切方式使自己处于正在吃这个行为发生的当下。你有多久没有认认真真地吃上一顿饭了？有多久没有在吃饭的时候只是吃饭而不做其他事情（比如看手机）了？在开始吃饭之前，仔细观察将要被你吃进去的食物的颜色，闻一闻它的味道，用筷子夹起食物，感受食物的形状，如果食物是圆的，和长条状的感觉是不同的，有什么不同？把食物送入口中，体会入口时的感觉，包括温度、触感、味道等等，聆听咀嚼食物时发出的声音。吃饭这件事原来也可以这样丰富，你以前留意过吗？如果没有，那么从现在开始留意吧，你将发现简单的一餐会让你如此享受。你的内心可能因为一顿饭而变得平静。

可以按照下面的步骤来体验一顿饭：

（1）看外观（视觉）：仔细地观察食物，当你看到食物的颜色、形状时会想到什么？从外观到内部关注食物，当你这样做时会想到什么？

（2）听声音（听觉）：用拇指和食指拿着食物，然后分别在左耳和右耳前轻轻地搓一搓，做两遍，注意听声音，当你这样做时会想到什么？

（3）闻气味（嗅觉）：将食物分别放到鼻孔前闻一闻，做两遍，当你这样做时会想到什么？

（4）触感（触觉）：用嘴唇轻轻地碰触食物，感受食物的外表碰到嘴唇的感觉，当你这样做时会想到什么？

（5）味道（味觉）：咬一小口，感觉食物的质地、温度和味道，然后慢慢地咀嚼、吞咽，用口腔来感受食物，然后再咬一口，重复感受，当你这样做时会想到什么？

练习之后你感觉如何？你在品尝这些食物时的感觉是否和以前的感觉不同？如果不同，有什么不同？是不是更享受这个吃的过程？觉得更满足吗？你是否感觉到了放松和平静？从现在开始尽量用这种方法吃东西，包括水果、零食等等，如果认为这样吃花费时间太长，可以每隔一段时间来体验一次，这样吃东西会带给你很多特别的感受。是不是很多人没有仔细听过这种声音？这是一种美妙的声音，很特别，仔细听一听，你会喜欢上的。

需要说明的是，这样吃东西的一个影响就是会延长吃的时间，因为你吃得仔细认真了，细嚼慢咽是一种健康的饮食习惯。人的食欲每次保持旺盛的时间大概只有20多分钟，超过这一时间人们对食物的兴趣就会减退。那么，在同样的时间内如果吃得快，吃下去的食物就多，反之吃下去的食物就少，发胖的概率也小。用这种饮食方式来减肥是可以取得效果的，整个过程不仅不会痛苦，反而充满了与食物亲密接触的喜悦。

（二）当下式行走练习

除了饮食，生活中另外一个每天都必不可少的行为就是走路了。有科学家对人们一天中分泌的压力激素皮质醇进行监测，发现皮质醇分泌最多的时间段是人走路的时候。仔细思考一下，一般在走路的时候我们的大脑都在想什么？可能会回忆一些美好的事情，或者停下快速向前的脚步，驻足欣赏眼前美丽的风景，但大多数情况下都会想着一些让我们烦恼的事情以及给我们造成压力的事情。我们把走路的这段时间加以调整，用一种新的方式来走路，就可以很好地缓解压力了。

可以按照下面的步骤来体验一次当下式行走练习：

（1）选择一个你可以来回走的地方，不用在意周围的人是否能看到你，可以在室内，也可以在室外。

（2）站在路的一端，两脚平行站立，与肩同宽，膝关节放松，可以灵活运动。两臂轻松地垂于身体两侧或者两手松松地握于体前，两眼直视前方。

（3）将注意力集中在脚底，感受脚底与地面接触的感觉以及体重通过腿部和脚部传递到地面的感觉。你会发现微微地弯曲膝关节几秒钟有助于你更加清晰地感受到腿部和脚部的感觉。

（4）当你准备好了，将重心转移到右腿，左腿放松，右腿支撑起整个身体的重量。在这个过程中注意重心的转移带给双侧腿部和脚部的感觉。

（5）由于左腿放松，将左脚跟慢慢从地上抬起，在这个过程中注意左腿小腿肚的感觉，继续将整个左脚缓慢抬起直到只有脚趾接触地面。然后逐渐用左脚的脚底、脚跟接触地面，将重心从右脚转移至左脚，右腿放松。在这个过程中注意重心的转移带给双腿和脚部的感觉。由于右腿放松，将右脚跟慢慢从地上抬起，在这个过程中注意右腿小腿肚的感觉。

（6）将整个身体的重量转移至左腿，将右脚整个抬起，缓慢向前迈出一步，脚跟先着地，在这个过程中注意双腿和双脚的感觉。将注意力集中在右脚跟，当它接触到地面的时候，是右脚底、脚趾分别接触到地面，将整个身体的重量转移至右脚，在这个过程中注意双腿和双脚的感觉。

（7）将整个身体的重量转移至右腿，将左脚跟慢慢抬起，在这个过程中注意左腿小腿肚的感觉。将左脚整个抬起，缓慢向前迈出一步，脚跟先着地，在这个过程中注意双腿和双脚的感觉。将注意力集中在左脚跟，当它接触到地面的时候，是左脚底、脚趾分别接触地面。将整个身体的重量转移至左脚，在这个过程中注意双腿和双脚的感觉。

（8）用这种方式，缓慢地从路的一端向另一端行走，尤其要注意脚底和脚跟接触地面时的感觉，以及向前迈步时腿部肌肉的感觉。

（9）走到路的另一端时，缓慢地转身，注意转身时身体各部分的感觉，然后以同样的方式继续走回起始端。

（10）在这条路上来回行走几次，尽自己最大的努力将注意力集中在腿部和脚部的感觉上，尤其是脚部各部分接触地面时的感觉上，保持目视前方。

（11）如果注意力转移了，只需要将注意力再转回到腿部和脚部的感觉上就可以了。

（12）连续行走 10 ~ 15 分钟，或者更长时间，只要你喜欢。

（13）开始时，按照比平常慢的节奏行走，让你自己全身心地投入到感受行走时的身体感觉上。一旦你发现用这种有意关注的方式行走很舒服后，你可以走得快一些，按照平常的速度行走甚至走得更快。如果由慢到快这种方式让你觉得不舒服，你也可以从快走开始，当带着有意关注的方式行走后速度自然会慢下来。无论采用哪种方式，找到并选择一种适合你关注当下的行走训练方式。

练习之后你感觉如何？这样的行走和你日常的行走不同吗？如果不同，有什么不同？你是否感觉到了放松和平静？从现在开始，尽可能多地练习，将这种有意训练的行走方式带入到你每天日常的行走中去，如果感觉这样走花的时间太长，可以每隔一段时间来体验一次。

（三）找到和开发适合自己的方法

想一想我们的生活中还有什么可以用关注当下的方法来做的事情呢？朋友们提供了做饭、做家务、洗澡、骑自行车等体验经历，并且还在每天的践行中不断增加新的可供选择的体验。从现在开始，有意识地将关注当下运用到你生活的方方面面中去吧。

小 Tips

| 这只鹅出来了 |

（1）想象有只大肥鹅在一个漂亮的瓶子里，这个瓶子像烧瓶一样，底很大，口很小。

怎样才能从瓶子中把鹅放出来而不伤害鹅又不损坏瓶子？把鹅饿瘦怎么样？停一下，允许你自己的心灵保持安静，想一想这只鹅是怎么进到瓶子里的？带着这种思维上的突破，现在你可以想象着鹅从瓶子里出来了。

（2）瓶子里的鹅的故事。

有一位图书管理员，名叫瑞奇，一次他去请教一位老师楠森，希望老师能为他解释一个关于"在瓶子里的鹅"的古老故事。"如果有个人把一只幼小的鹅放到了一个瓶子里，每天喂食直到小鹅长大了。"瑞奇问到，"这个人该如何才能在不杀害鹅，又不破坏瓶子的情况下把鹅取出瓶子呢？"

听完这个故事，楠森很用力地双手击掌，然后喊出了图书管理员的名字："瑞奇！"管理员被吓到了，可是他马上回答："是的，老师。""你看！"楠森老师说，"这只鹅出来了！"

（3）一个真实的故事。

一位作家的女儿有一天晚上给爸爸打电话诉苦，说自己不想再做餐厅的服务员了。女儿说当服务员很辛苦，而且自己做得不开心，毫无满足感。作家爸爸就问："你做什么样的工作才开心呢？才能让你感觉有意义和有满足感呢？"女儿回答说教小孩子骑马。在当服务员之前她也曾经在一个马场里当过小孩子的教练,可是那个马场的老板很苛刻,不赏识她的天赋,还给她很低的工资,一点都不欣赏她的能力和辛劳的付出。女儿会在电话里对爸爸埋怨这些,说她也不愿意回到以前那个马场工作。女儿现在很为难。

故事说到这儿,我们也会觉得这个女儿很为难,需要钱养活自己,就必须得工作,却不喜欢自己目前的餐厅服务员岗位。她梦寐以求的、有意义的工作是教小孩子骑马,可是以前的马场老板给的钱不够花,待遇也不好,始终不开心,所以辞退了当骑马教练的岗位,现在当了餐厅的服务生。

这听起来并不陌生,好像是很多人都会遇到的难题,包括我在内,比如工作出路的问题,很多人为了找到心仪的工作伤透了脑筋。一方面想让这份工作有意义,还是自己感兴趣的;另一方面又希望工作能有很好的报酬,让自己和家人"吃上好面包"。这样的矛盾很像"瓶子里的鹅"的故事一样难以两全。那到底怎么办呢?二选一吗?作家的女儿尝试了,还是不愿意、不甘心。

看看作家是怎么做的吧。作家告诉女儿:"敞开心扉去接受你想要的帮助。信任意图和目的的能量,它就会为你而存在。你还得时刻有意识地留意身边的提示,愿意接受任何给予你的指示与帮助。"

说实话,事情到这里大家是不是都觉得有点可笑。这女儿会怎么想呢?老爸疯了?怎么会说出这么神叨叨的话。

但就在第二天晚上,女儿突然给爸爸打电话,说:"你不会相信发生了什么事情!"她说昨晚听了爸爸的劝导后的确觉得哭笑不得,但还是决定接受爸爸的建议,尝试按爸爸说的方法敞开心扉,有目的和有意图地去接受生活带给她的指引和帮助。做了这么一个决定后,她想到楼下去散散步。走着走着就看见一根电线杆上贴的一个招骑马教练的小广告。女儿把电话抄了下来，与一位女士联系上了。对方是一个新马场的老板，正在找专门教小孩子的教练，而且薪酬恰恰是女儿现在当餐厅服务员的两倍之多！

女儿现在找到了一份在马场里教小孩子骑马的工作，而且能获取的报酬是现在这份工作的两倍。这一下子就摆脱了之前觉得难以两全的困境。

大家有没有找到一个两全其美的方法，解决鹅与瓶子的故事中的问题呢？

当我们处于两难的困境时，很多时候都在不停地试图找出解决问题的办法。而在问题的表面上寻找答案是于事无补的，反而会更快地让自己陷入焦虑、恐惧的深渊和恶性循环之中。如果我们能像楠森老师那样，或像作家提醒女儿那样，让自己的专注力回到自己身上，把专注力挪到自己的意图或目的上，打破思维固化，换一种方法去对待之前的问题，无论是鹅与瓶子，还是兴趣或面包，都自然地烟消云散了。之前觉得两难的困境不再对我们有压力，也就不再是问题了。

如果我们的意图、目的很强烈，我们大可以选择不去妥协，不要二选一，只要把自己的意图表明了，决定不再纠结于大脑认为的两难困局，把心打开，接受并且留意生活给予的提示和帮助，就足够了。

回到管理员的故事，老师用力地击掌并喊出管理员的名字，就是让他从鹅与瓶子的问题里抽身出来，跳出理性思考的框框。当管理员被老师突然发出的声音吓到，本能地回答"是的，老师"时，他的脑海里已经没有了鹅与瓶子的困惑，再次回到了当下。

模块六
整合工作生活

通常，我们把开始也叫作结束。准备结束即是准备开始。从哪里结束也正是从哪里开始。

——英国诗人托马斯·斯特尔那斯·艾略特

● 向日葵的故事1

徐奶奶今年快80了，年轻时睡眠就不好，老了失眠越来越严重，服用安眠药快30年了，服用的量并不大。其实这种情况对老年人来说很常见，长期吃着少量的安眠药，与其说是药物的作用，不如说是每晚睡前吃药变成了一种仪式化的行为，纯属心理安慰。而且药量不大，不一定要撤下来。当徐奶奶听了SMART-C的介绍后，非要把药撤掉。虽然告诉她开始时可能会比较折腾，撤药后会更睡不好，过程要比年轻人更长一些，但徐奶奶铁了心要撤药。徐奶奶除了习惯性依赖药物睡觉外，身体没有其他问题，底子还是不错的，在RR训练的基础上她配合恢复自然睡眠黄金三原则的行为干预，经过两个多月的调整，最终成功撤掉安眠药，恢复了自然睡眠。

评论：在人的一生中睡眠时间至少占了1/3的时间，如果睡眠出现问题，对人的健康迟早会造成影响。SMART-C压力管理不仅是对压力、情绪和心理状态的调整，更是对人整体健康的调整，睡眠的调整也是其中重要的内容，即使现在没有出现睡眠问题，也需要了解一些关于睡眠的科学常识。压力和情绪问题比较容易影响到睡眠质量，而这些问题是每个人的人生中不可避免会遇到的问题。通常，长期的慢性失眠是睡眠习惯不良导致的，除了安眠药等药物干预外，心理和行为干预也很重要。目前，对原发性失眠来说，国际上提倡的首选治疗方法为认知行为治疗（CBT-I），这是一种心理治疗，RR训练是CBT-I中的一个重要组成部分。对于徐奶奶的情况，除了使用各种RR训练外，还要配合CBT-I中的一些行为指导来综合干预，恢复自然睡眠黄金三原则是其中的精华部分。

◉ 向日葵的故事2

止云是名电脑工程师，20多岁，标准的IT男，喜欢运动健身，运动健身的时间多在下班后，时间比较充裕。他发现了一个现象，当压力大的时候，睡眠质量会变差、梦多，有时候还会睡不着，虽然不会持续太长时间，但总归是不舒服的。本来想加大运动量让自己更累、更疲劳，进而改善睡眠质量，结果越运动越睡不着，躺在床上身体是休息了，大脑却像充了电似的开足马力运转。学习了SMART-C压力管理后，他把运动时间调整到每天早晨或者上午，而在晚上他开始采用一种新的方式锻炼身体——瑜伽。通过对冥想式运动的了解，他对瑜伽有了全新的认识。结合自身状况，他开始尝试，状态越来越好，有压力的时候睡眠质量也不会受到太大的影响。目前他不但学完了SMART-C压力管理的全部内容，还针对其中自己感兴趣的部分深入了解学习，买了不少相关书籍，可以称得上"不是内行的内行"。

评论：RR 训练不仅可以通过静止不动的方式进行，还可以以运动的方式来完成，那就是冥想式运动。随着心身医学的发展，科学家对这类运动方式的关注逐年增加。与传统的有氧运动等方式相比，它们能更好地协调统一心身，解决一些其他运动无法解决的问题。比如晚上进行剧烈运动，和睡眠时间相隔太近，都会因神经过度兴奋而影响睡眠。尤其在压力和情绪缓解方面，冥想式运动有着广泛的应用空间，可以作为辅助治疗手段用于多种压力相关疾病和问题的干预上。瑜伽就是其中最为流行的一种运动，太极和气功均有类似的作用。随着研究的深入，科学家发现了它们对全人类健康的积极影响。

对中国人来说，中医强调人的心身是一个统一的整体，人与宇宙也是如此，天人合一，保持健康就要顺应宇宙自然的规律。人体内部组织器官的运转、人与人的关系和人与宇宙的和谐统一之间都有着千丝万缕的联系，SMART-C 压力管理虽然从管理压力着手，但强调的却是提高人的整体健康水平。本模块主要从人整体健康的角度来介绍一些基本知识和调节方法，内容与前五个模块内容相辅相成，对人心身健康能起到全面综合调节、1+1＞2 的效果。

一、饮食

（一）识别与压力有关的饮食改变

压力对饮食习惯的影响的确存在，压力预警信号中的行为预警信号就包括饮食习惯的改变。那么在一般情况下，什么样的饮食习惯改变会提示压力的存在呢？有的人在压力下喜欢吃巧克力等甜食，除此之外还有很多饮食习惯的改变与压力有关：

- 选择"舒服食物"吃，这类食物富含淀粉或者脂肪；
- 喝过多咖啡或茶；

- 喜欢吃高糖或高盐食物；
- 吃饭速度过快；
- 不饿的时候也想吃东西；
- 爱吃零食；
- 喜欢在吃饭的同时做很多事情；
- 不吃正餐；
- 忽视身体的饥饿信号（胃痛或胃鸣，无力）；
- 吃得过饱；
- 喜欢在晚上吃东西；
- 选择其他不健康的食物吃等等。

（二）纠正由压力引起的不良饮食习惯

当发现自己的饮食习惯出现了以上这些问题，并排除了可能引起这些改变的相关疾病（比如胃肠疾病、甲亢等）后，引起饮食习惯改变的就可能是压力，尤其是慢性压力。如果不良的饮食习惯是由压力造成的，该如何加以纠正呢？一种简单有效的方法是运用当下式的方法饮食，也可以通过下面的方式加以调整：

- 多吃水果和蔬菜；
- 注意咖啡和茶对情绪和睡眠的影响；
- 饿了就吃；
- 享受食物；
- 感激食物；
- 全神贯注地吃；
- 用水果、坚果和蔬菜作为零食；
- 吃饭时间有规律；
- 大量饮水；

- 满足后就不吃了；
- 睡前如果饿了，少吃点儿东西；
- 甜点选择吃水果；
- 在酱汁和汤中多加蔬菜；
- 用这些来增加水的味道：薄荷、橘子和柠檬等水果，蔬菜汁以及草药或者茶；
- 多吃食物金字塔底端的食物；
- 建立应对和处理压力的态度和行为。

（三）金字塔膳食结构

给大家推荐一种健康的膳食结构——地中海膳食金字塔。地中海膳食金字塔是美国哈佛大学根据地中海地区以蔬菜、水果、鱼类、五谷杂粮、豆类和橄榄油为主的饮食习惯制订的一个膳食结构，被世界卫生组织作为一种健康的饮食习惯在世界范围内推广。地中海地区居民的寿命普遍很长，心脏病发病率低，且很少患糖尿病、高胆固醇血症等慢性疾病。科学家们认为地中海地区的饮食习惯是居民健康长寿的主要原因。

在地中海膳食结构中，越顶端的食物被要求摄入得越少。从下向上分别为：

第二层食物，包括水果、蔬菜、谷类（大部分为全麦）、橄榄油、豆类、坚果、豆科植物和种子、药用植物以及香料植物；

第三层食物，包括鱼类和海鲜、家禽、蛋类、奶酪、酸奶；

第四层食物，包括肉类（红肉）和甜食。

与此同时，要配合充足饮水以及适度适量饮用红酒。

大家一定会奇怪，食物的分类从第二层开始，那第一层呢？第一层正是地中海膳食金字塔与众不同的地方，也是它的精华所在。

对金字塔来说，第一层是底座，是整个建筑物的关键，而对于金字塔饮食结构来说，它的底座却不是食物本身，而是每天坚持锻炼以及享受与他人一起用餐的快乐。

地中海膳食金字塔

饮食作为我们每天生活的重要组成部分，给我们的工作和生活提供必需的能量，是所有减肥方案中不能略过的内容，是人们追求和保持健康的重要一环。病从口入，低盐少油等饮食指导大家早就耳熟能详，但多数都集中在食物本身。除了要管住嘴还要迈开腿，健康饮食搭配坚持锻炼的理念得到人们普遍认可。除了这两方面，饮食还有一个重要作用，它可以作为一种沟通的媒介。如果能和亲朋好友一起享受美味的食品，一起分享吃饭的心得，绝对是美妙无比的！

中国人喜欢聚餐，大家坐在一起吃饭、喝酒、聊天，逢年过节尤为如此。我们这种传统的饮食行为模式是有利于宣泄消极情绪、缓解压力的，如果能配合合理健康的膳食结构，就恰好构成了地中海膳食金字塔。

（四）盘子平衡术

盘子平衡术

此外，还有一种更为具体的程式化进餐方法，叫作"盘子平衡术"。这种方法源于西方的用餐习惯，吃西餐时每个人都会有一个盘子。传统西餐正餐大多以一块肉作为主菜，如牛排、鸡肉、鱼肉，配以少量蔬菜、水果等，是一种高盐、低营养、高热量的不平衡的食物搭配模式。如果你改变盘子中食物的搭配模式，你的健康状况会得到改善。理想的方式是将一餐中的食物平均分为四份，分别为谷物（全麦的）、蛋白质、蔬菜以及水果。最新的美国农业部政策推广中心合理膳食指南公布的盘子如图所示。虽然我们平时多用碗吃饭，在食物的分配上也需要根据个人不同的情况加以改变，但这种方法值得一试。在下次吃饭时为自己准备一个盘子，将不同的食物搭配合理后放入盘中，尽量用蔬菜和水果将盘子充满，不仅看上去赏心悦目，吃起来也会心满意足。

二、运动

（一）冥想式运动

传统的运动方式主要分为：

（1）有氧运动：关注呼吸节律，或者走路、慢跑、骑车、游泳的节奏。

（2）负重训练：关注肌肉以及在运动或挑战身体极限时肌肉的感受。

（3）冥想式运动：冥想式运动有四个特点，①关注意念；②运动通常比较缓慢、放松，具有流动性，可以从高水平的动态到静止的状态，没有固定的编排；③关注呼吸，通过呼吸来放松自己，同时也给身体补充能量；④是一种深层次的心身放松状态。

瑜伽、太极、气功是目前国际上普遍流行的冥想式运动，均可以用于缓解压力，这三者之间又各有区别。

瑜伽：强调呼吸。

太极：注重运动或者体势。

气功：关注"气"的意识和运行。

进行冥想式运动的注意事项：

（1）如果躯体有问题，可能会影响到练习的人进行动作练习，要避免动作幅度过大。（2）练习者应听从自己身体的感觉，避免任何能够引起疼痛的姿势或者引起眩晕的呼吸方式。（3）有意识地将注意力集中在练习上。如果意识到自己在走神，回到练习本身即可。

（二）推荐的RR训练：瑜伽练习

1. 坐式瑜伽

坐椅子的前1/2处，坐直，微闭双眼，面带微笑。

（1）腹式呼吸：将双手放在自己的小腹上，用鼻子吸气，吸气的同时小腹像气球一样鼓起来。用嘴巴呼气，呼气的同时小腹缩回去。重复5次，缓慢地呼吸。

（2）颈部旋转：自然呼吸，将双手自然放在身体两侧。配合颈部的运动。将后背挺直，下巴收回，贴近胸部。保持下巴收紧，同时转向左侧，就像在用下巴看向左侧肩膀，停住，呼吸3次；保持下巴收紧，同时将下巴转回到胸前；保持下巴收紧，同时转向右侧，就像在用下巴看向右侧肩膀，停住，呼吸3次；保持下巴收紧，同时将下巴转回到胸前。一左一右为1次完整动作，重复3次，配合自然呼吸缓慢地运动。做完时停住，关注一下脖子的感觉。

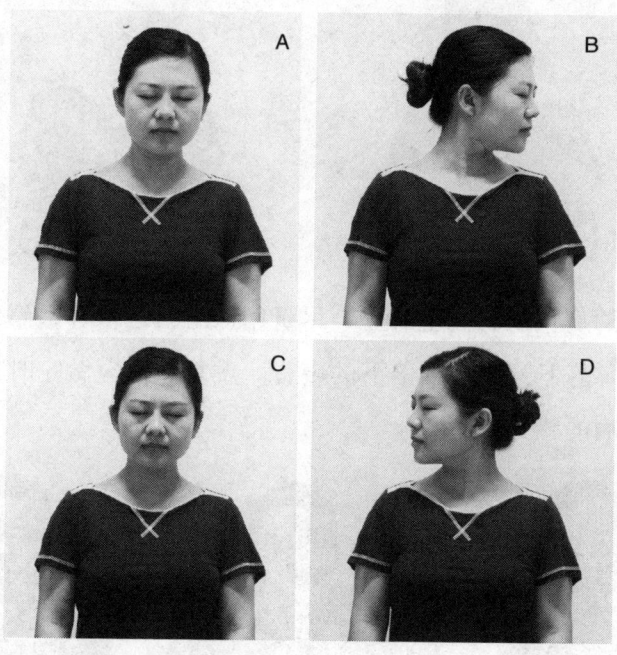

（3）颈部拉伸：后背挺直，将左耳慢慢贴近左侧肩膀，同时右侧肩膀轻轻下压，然后停住，缓慢呼吸3次；慢慢将头部抬起，将右耳慢慢贴近右侧肩膀，同时左侧肩膀轻轻下压，然后停住，缓慢

呼吸3次；慢慢将头部抬起。一左一右为1次完整动作，重复3次。做完时停住，关注一下脖子的感觉。

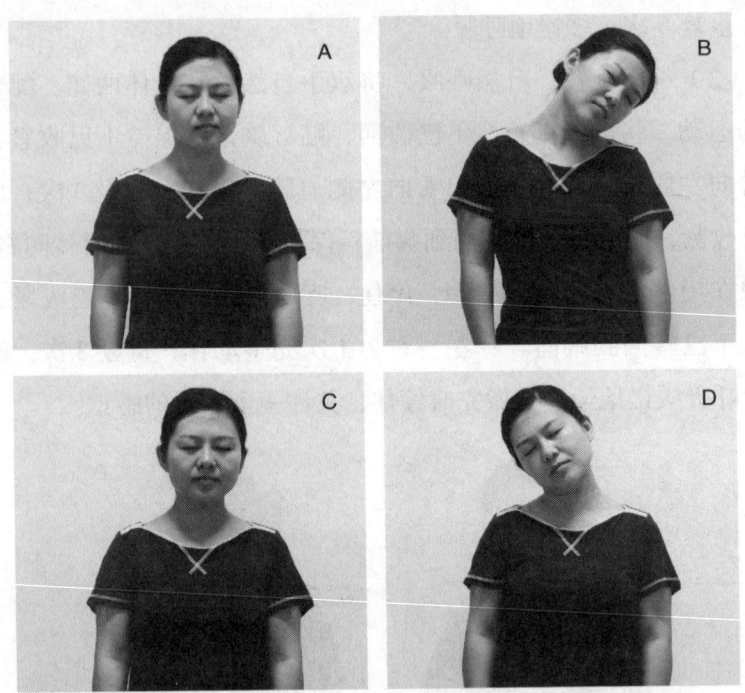

（4）耸肩：双肩向上耸立，尽量用双肩接近双耳，停住，呼吸3次；双肩落下，能听到落下的声音。重复5次，做完时停住，关注一下双肩的感觉。

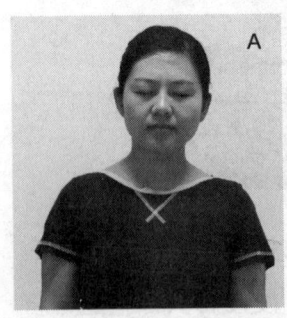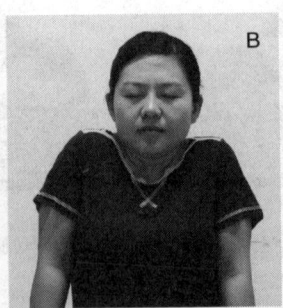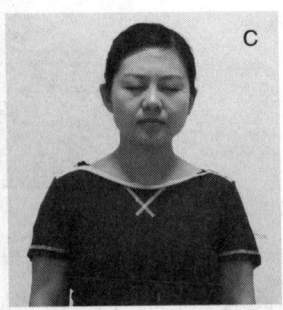

（5）脊柱弯曲：轻柔地用双手握住双侧膝关节，向前挺胸，背部呈反弓形，双眼向上看；收回下巴至胸部，双肩后缩同时背部向后弓起，双眼向下看；腰部随之进行缓慢地前后移动，重复5次。做完时停住，关注一下背部和躯干的感觉。

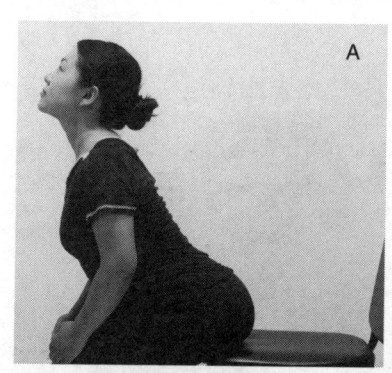
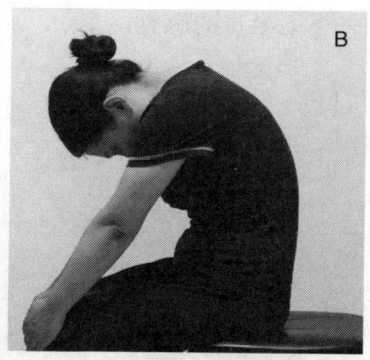

（6）坐姿旋转：坐正坐直。身体向左侧旋转，将右手放在左侧的膝关节上，左手放在椅子左侧靠近椅背处，停住，缓慢呼吸3次，身体转回；身体向右侧旋转，将左手放在右侧的膝关节上，右手放在椅子右侧靠近椅背处，停住，缓慢呼吸3次。一左一右为1次完整动作，重复3次。做完时停住，关注一下上半身的感觉。

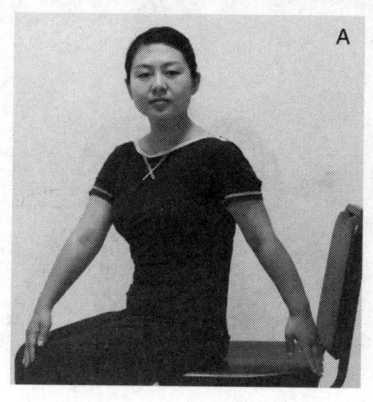
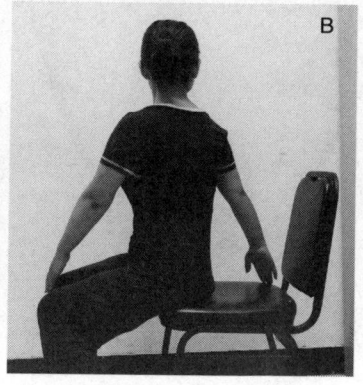

（7）腰侧拉伸：向上抬起双侧手臂，手掌过头，弯曲肘部，用左手握住右侧肘部，右手握住左侧肘部。全身向左侧缓慢弯曲，停住，呼吸3次，回到正中；向右侧缓慢弯曲，停住，呼吸3次，然后回到正中。一左一右为1次完整动作，重复3次。做完时停住，关注一下上半身的感觉。

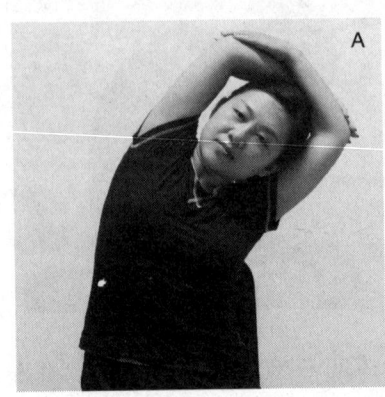
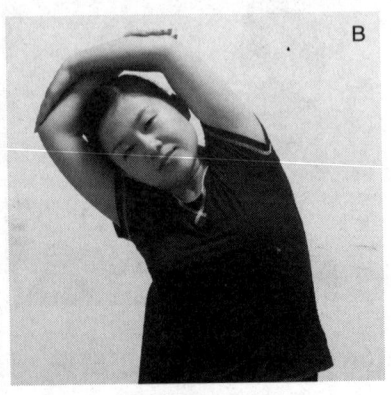

（8）手臂拉伸：双侧手臂从头两侧上举过头，手臂伸直，掌心向上，停住，呼吸3次；从两侧放下手臂，手臂伸直，掌心向下，呼吸3次。重复5次。做完时停住，关注一下手臂的感觉。

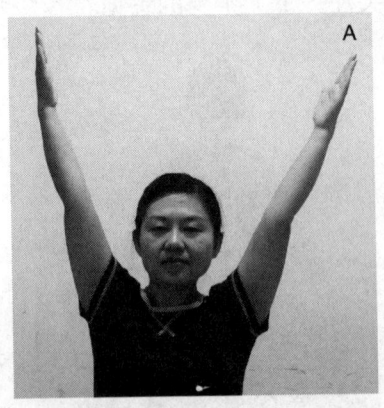
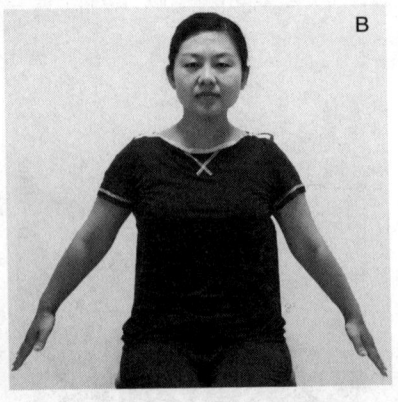

（9）手部瑜伽：轻握拳，先顺时针缓慢旋转手腕3次，然后逆时针缓慢旋转手腕3次；鸟爪式（将所有的指尖向下碰到大拇指），

呼吸3次；虎爪式（大拇指第一指关节弯曲，其余四指第一、第二指关节弯曲），呼吸3次；扇式（将所有的手指伸展开），呼吸3次；波浪式（所有的手指伸展开，左右摆动双手），呼吸3次。做完时停住，关注一下手部的感觉。

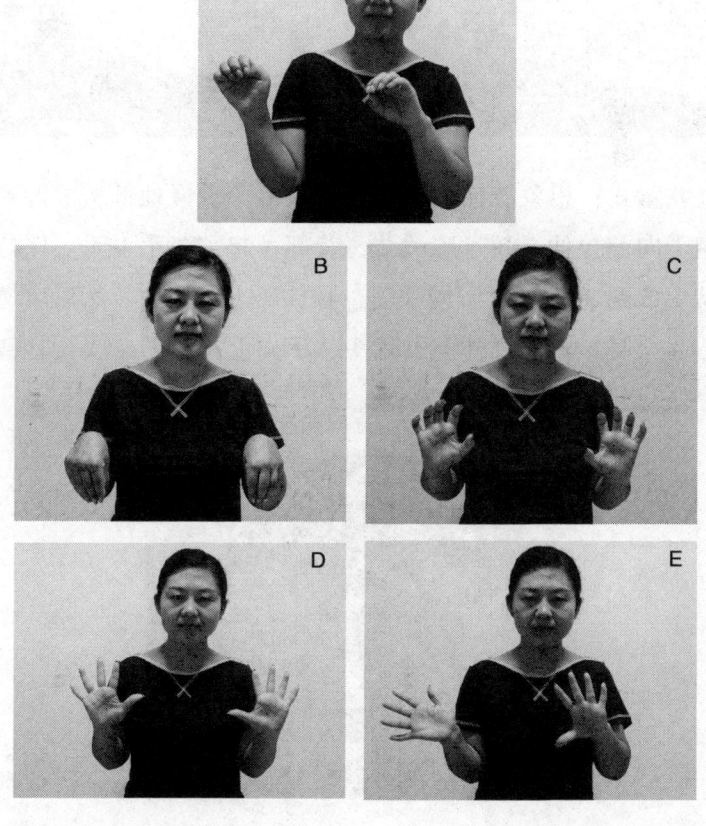

（10）腿部拉伸：缓慢向前伸出右腿，脚尖向前，脚面绷直；脚尖向上抬起，拉伸脚跟，再将脚尖向前伸，脚面绷直，重复3次。做完后停住，旋转脚踝，放下右腿，关注一下右腿的感觉。用同样的方法缓慢向前伸出左腿，脚尖向前，脚面绷直；脚尖向上抬起，拉伸脚跟，然后再将脚尖向前伸，脚面绷直，重复3次。做完后停住，旋转脚踝，放下左腿。关注一下左腿的感觉。

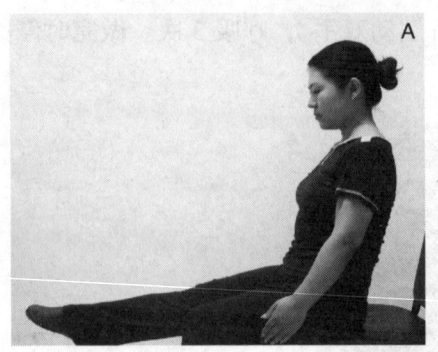
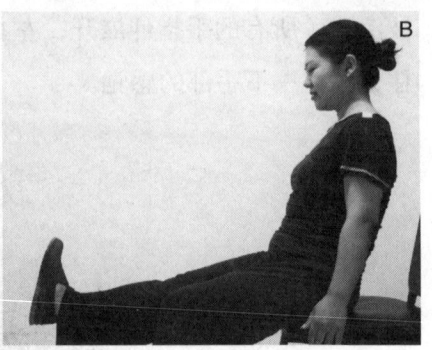

⑪儿童式：想象着你的头部变得很沉，缓慢地低头、弯腰，肩膀、躯干向前拉伸，超过膝关节，背部弓起，双手下垂。保持这种姿势从1数到30，同时缓慢呼吸，释放所有的压力。然后缓慢地抬头，抬起上身，感觉脊柱上的骨头从下向上一个一个慢慢伸直。做完时停住，关注一下上身的感觉。

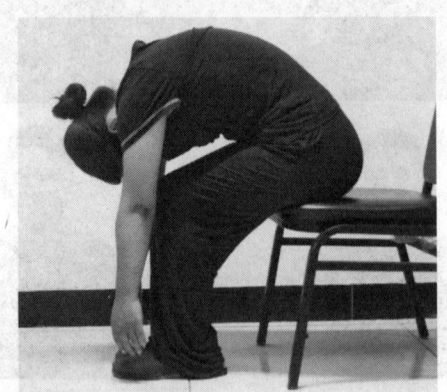

2. 站式瑜伽

（1）山峦式：是所有站姿的基础。双脚间隔一拳站立，脚尖向前，挺胸、收腹，收紧臀部，后背挺直，将重量均匀放在双脚上，保持垂直向下，既不向前也不向后，这样膝关节是放松的、灵活的。调整髋骨,保持正直,既不前倾也不后倾。想象着山峦如何从地面升起,越升越高,想象着有根绳子在头顶向上拉着你,随着脊柱拉伸,脊柱和脖子的骨头之间开始产生空隙。肩膀下垂,手臂松松地放于身体两侧。放松下巴和整个面部。配合缓慢呼吸。想象着自己像山峦一样屹立在地面上,心中充满了坚定的力量和自豪感,释放了所有的压力。

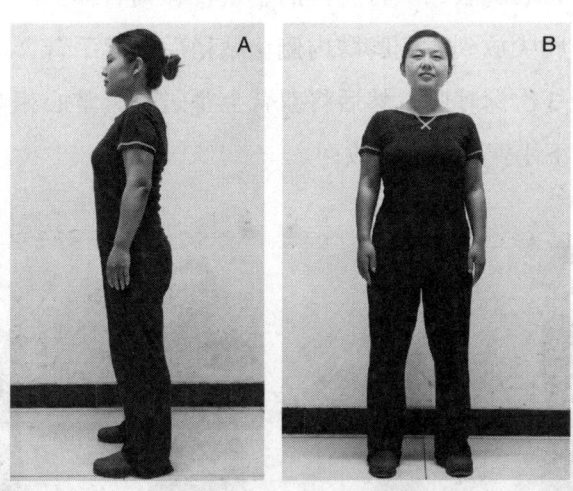

(2)平衡拉伸:由山峦式开始,双臂上举过头,掌心相对,同时抬起脚跟,呼吸3次,然后放下双臂,同时放下脚跟。可以盯住正前方一个物体来帮助自己保持平衡。重复5次。

 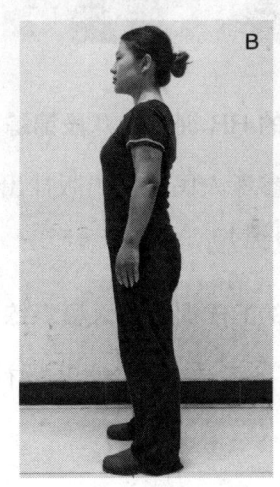

（3）平衡式：由山峦式开始，将身体的重量转移到左脚上。弯曲右侧膝关节，将右脚尖放到左侧脚踝内侧。站稳后抬起手臂，掌心相对放于胸前，做 3 次深呼吸。然后将双臂上举过头，掌心相对，做 3 次深呼吸。你可以盯住正前方一个物体来帮助自己保持平衡。放下手臂，将右脚收回。将身体的重量转移到右脚上。弯曲左侧膝关节，将左脚尖放到右侧脚踝内侧。站稳后抬起手臂，掌心相对放于胸前，做 3 次深呼吸。然后将双臂上举过头，掌心相对，做 3 次深呼吸。放下手臂，将左脚收回。

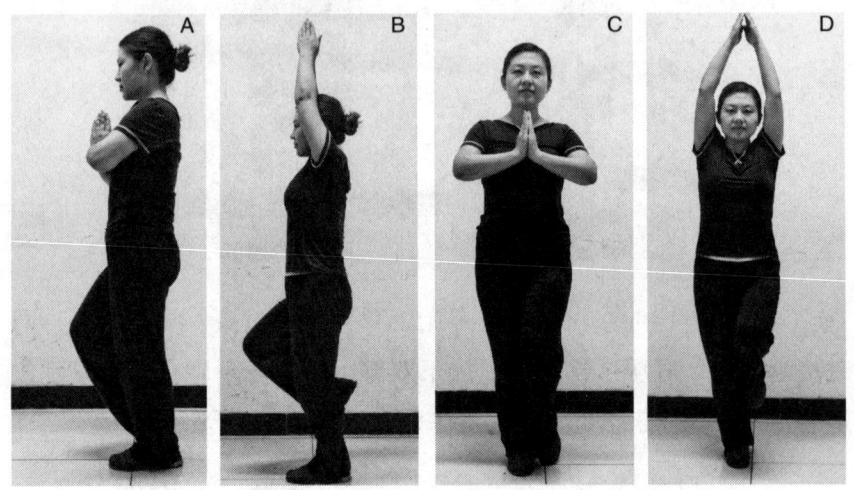

（三）推荐的 RR 训练：八段锦练习

（具体参考人民体育出版社出版的由国家体育总局编写的《健身气功·八段锦》）

（四）推荐的 RR 训练：太极拳练习

（具体参考人民体育出版社出版的由国家体育总局编写的《二十四式太极拳》）

瑜伽、气功和太极作为缓解压力的方法，很难说哪一种更好，可以根据个人兴趣爱好和实际情况来选择使用，但必须打破的观念是，这些并不是专属于女性塑形美体以及老年人养生保健的锻炼方式，孩子们同样非常喜欢，缓解压力的效果也很好。

三、睡眠

恢复自然睡眠应遵循黄金三原则。

（1）只有困了才去睡觉，不困不睡，坚决不睡！

睡眠是人的一种本能，不需要学习，每个人从出生开始就会睡觉，人在困了累了的时候自然想睡觉。不要认为自己睡眠不好就早早上床，即使上床也睡不着，在床上保持清醒建立的是人与床之间不良的连接，即床不是用来睡觉而是保持清醒的，这也可以解释为什么有些人在床上睡不着而在沙发上或者别的地方就能睡着的现象。

（2）躺在床上超过30分钟（大约时间，不要看表）还睡不着，不要继续在床上躺着，快起来，必须起来！

和第一条一样，同样是为了建立人与床之间的良性联系，即躺在床上就会犯困。睡不着起来后不要做容易兴奋的事情，可以在屋子里走一走，RR训练是不错的选择。等有困意的时候再重新回到床上，如果还是睡不着要再起来。不要担心每晚都要这样折腾，结合另外两条，不久之后你就会恢复自然睡眠。此方法也适用于夜间反复醒来或是醒得过早的情况。

（3）无论前一天晚上睡得好不好，早上都要定时起床，不要补觉，越补越糟！

不要在白天尤其是上午补觉。睡眠是人体节律性的一个重要表现，和大自然的规律相吻合，也是中医天人合一理论的体现之一。

从早晨太阳升起到中午，人体主要是负责兴奋的交感神经在起作用，如果交感神经兴奋不起来，我们要尽量主动去调动交感神经的兴奋性，比如早上起来立刻洗脸，出去锻炼身体等。从中午开始到晚上人体中负责安静的副交感神经开始起作用，为晚上的睡眠和休息做准备，最好不要在晚上临睡前做让自己兴奋的事情，人为造成交感神经过度兴奋，影响睡眠质量。如果晚上睡眠不好，不建议白天补觉，包括午觉，午觉要保持在 30 分钟之内。午休时练习 RR 训练是替代午觉的好选择。

四、日常练习

社会支持练习

研究表明，社会支持是建立心身弹性的重要支撑。当处理慢性压力时，许多社会支持是首先需要完成的事情。情绪低落和烦躁易激惹等状态会导致我们将周围的人推走。长期来看，这些行为会因为减少了社会支持对健康的有益影响而制造出更多的压力。

社会支持对压力的缓冲作用可以减少多种疾病的死亡率和发病率，比如类风湿、多发性硬化、脑血管疾病以及癌症。实际上，社会支持的缺乏导致的死亡率等同于高血压、尼古丁依赖以及肥胖导致的死亡率。社会支持能够缓解创伤后应激障碍以及创伤后抑郁，是对战争造成的伤害以及家庭不和谐、工作压力、社会不公平的压力、失业及抑郁遗传性风险的一种保护因素。

社会关系中表达出来的共同合作与大脑奖励环路的激活有关，后叶催产素增加了社交附属物的奖励价值同时也减少了恐惧反应。人际交往能力也增加了大脑中后叶催产素的释放，进而提高理解他人情感表达方面的能力。

下面讨论一下不同类型的社会支持以及它们的重要性。社会支持通过很多不同的形式表现出来。重要的是要理解各种类型的不同，哪些是你所拥有的，哪些是你需要的。

情感支持：情感支持使你感觉到被理解和接纳，无论你正经历着什么，可以通过友好的词语或者支持性的动作表达出来。通常情感支持参与大脑由上至下的自我适应过程，从中能够看到对缓解压力的有效的适应性反应。

信息支持：信息支持使了解和寻找知识成为可能。比如，当你想要学习某些新知识，需要联系某个以社区为基础的组织或者机构时。

实际支持：实际支持是指实际需要。比如，你可以打电话找朋友帮忙吗？

肯定式支持：肯定式支持是你获得他人的肯定，让你受到重视或尊重。人们从工作、家庭责任或者担任志愿者中获取这种支持。一种强大的压力触发器就是感觉没有被尊重，因此，认识到自己的价值对心身弹性有重要影响。

归属式支持：归属式支持使你感受到自己是整体的一部分，无论是社区、专业组织或者家庭。压力的缓冲关键比如安全感、力量以及愉悦感是通过这些大范围的社会联系来得到增强的。

思考：
- 你有哪种支持？
- 你给予别人哪种支持？
- 你有不同类型的支持吗？
- 你现在拥有的支持系统对你有用吗？
- 你利用你的社会支持系统了吗？

社会支持可以通过表达积极情绪、提高社交技能以及对给予和接收支持保持开放的态度而得到提高，RR 训练可以起到很好的辅助作用。

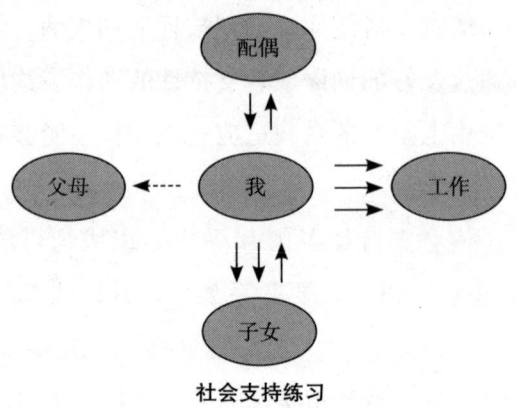

社会支持练习

社会支持练习可以通过填写上图来完成。用 10 ～ 15 分钟填好社会支持练习，这张图能够帮助你对目前自己的社会支持系统有一个更好的认识和了解，即有多少种支持是你所付出的以及你得到的，可以将它们当作是一种能量的交换。将注意力集中到我们付出的支持和得到的支持的一些关系中，将自己放在图片的正中，然后用箭头来表示社会支持的方向，将目前你所付出的支持与得到的支持画出来。

用箭头向外来表示你付出的支持，箭头向内表示你得到的支持，可以用增加箭头的数量或加深箭头的颜色来表示支持较多的程度，也可以用虚线表示想要发展的支持。

在绘制你自己的社会支持关系图时，有没有注意到让你感到惊讶的地方？你可能更需要哪种支持？哪种支持是你最想要付出的？有没有哪种关系的箭头数量让你感到惊讶的？有没有不平衡的地方？如果关系是平衡的，指出来箭头的数量和指进去箭头的数量应该是相同的；如果不平衡，有没有必要纠正一下，或者这样就可以。例如，你感到为父母付出了很多，是不是可以付出得少一些或者想一想他们曾经为你付出了多少，进而感激有这个机会可以回报父母。

  可以每隔一段时间填一下这张图，对自己的社会支持系统保持关注，将其作为缓解压力的重要辅助手段，及时做出调整，也可以把这看成是觉察练习的重要组成部分。

小 Tips

| 培养创造力 |

　　创造力是一种有弹性的表达发式。拥有一种创造性表达的出口，是具备高度适应能力的人们的关键特点，创造力与幸福感紧密相关。当一个人的创造力使他人获益，幸福感就会明显增加。投身于创造性行为中也是发展自我关注和制造积极意义的重要手段，可以帮助减轻压力。

　　在日常生活中，我们要建立对培养创造性技巧的关注。对大多数人来说，这意味着扩大关于创造力的定义。除了传统意义上认为的创造力，比如音乐、绘画以及写作外，日常生活中关于创造力的例子还包括下面这些：

　　（1）做饭或者烤一个蛋糕；

　　（2）装饰屋子，带来舒适和愉悦感；

　　（3）通过着装来展示自己；

　　（4）讲故事；

　　（5）唱歌；

　　（6）讲双关语等。

　　想一想你的创造力，每个人都有创造的潜力，这是一种至关重要的自我表达形式，创造力使我们更好地投入到日常生活中。你喜欢哪种创造性表达的方式呢？你这样做了吗？是不是过去常常做但现在没时间做了呢？

SMART - C 压力管理方法归纳

♪ 不要害怕压力出现，不要害怕相同的情况再一次出现。比如失眠，每个人一生中都会经历几次短暂的失眠，这是再正常不过的现象了。在压力面前我们要像弹簧一样能屈能伸，而不是没有弹性。

♪ 监测各种压力预警信号：行为的改变，情绪、躯体症状、人际关系等等。

♪ 监测自动负性思维。

♪ 练习 RR 训练，每天 1～2 次，每次大约 20～30 分钟，选择一种你喜欢的或者适合你的训练。

♪ 日常生活中注意运用呼吸来应对压力，尤其当你发现无法掌控外部环境的时候。

♪ 在日常生活中运用各种迷你 RR 训练来应对压力，尤其在紧急压力事件发生时。

♪ 做各种日常练习。

♪ 尝试一下关注当下的方法，在生活中运用其理念，开发属于自己的方法，比如饮食、走路等等。

♪ 找出负性生活事件的积极意义，变负性思维为积极、有助于解决问题的思维。

♪ 尝试着完成压力应对日记。

♪ 不要忘记做那些让自己感到愉快和放松的事情，将其融入生活中。

♪ 复习社会支持网络。

♪ 记录感激日记。

- 练习同理心。
- 回忆、感受、记录、提取那些让你产生积极情绪的事情。
- 尝试一下瑜伽、太极或气功,用冥想式运动缓解压力。
- 接受改变,用好奇心来接受,敞开心扉,面对一切可能,而不是恐惧和疑惑。
- 接受你就是你,接受现在的你、此时此刻的你。
- 对生活教给我们的东西保持开放的态度,仔细观察,先不要评判。
- 坚持是一个长期的过程,短期的训练和长期的坚持效果肯定不同。最好的态度就是有耐心和持之以恒。

希望大家都能掌握科学"减压"的方法,保持心身健康,实现弹性生活。

SMART-C压力管理方法归纳

	觉察压力（模块一）	认知提升（模块二）	释放情绪（模块三）源于大脑皮层	释放情绪（模块三）源于杏仁核	唤醒激情（模块四）	关注当下（模块五）	整合工作生活（模块六）
日常练习	压力预警信号练习；能量电池练习	压力事件应对日记练习；分享练习	置换想法练习；想法停止练习；转换情绪频道练习		积极躯体感觉诱发练习；分享练习；理想自我练习；便利贴练习；感激日记练习；同理心练习；愉快行为发现练习	当下式饮食练习；当下式行走练习	冥想式运动；社会支持练习
RR训练	呼吸式RR训练*；单纯的身体觉察式RR训练*；放松诱导式RR训练*；渐进放松式RR训练*；扩大和缩小关注的游戏*		沉思式RR训练：负性情绪*；沉思式RR训练：正性情绪*	握拳式RR训练*	沉思式RR训练：正性情绪*；爱与仁慈式RR训练*；领悟想象式RR训练*	呼吸觉察式RR训练*；声音的当下式RR训练*；想法的当下式RR训练*；动作的当下式RR训练*	瑜伽练习；八段锦练习；太极拳练习
迷你RR训练	腹式呼吸RR训练*		移空式RR训练*；气泡上升式RR训练*	腹式呼吸RR训练*；躯体感受应对的RR训练*			

说明：带 * 的 RR 训练附有配套语音，可扫描二维码，跟随指导语一起练习。

附录 压力水平测试

国际上常用的压力水平测试以及压力管理相关内容的测评包括认知和情绪觉察测评（Cognitive and Affective Mindfulness Scale-Revised，CAMS-R）、心理弹性测评（Connor-Davidson Resilience Scale，CD-RISC）、压力知觉测评（Perceived Stress Scale，PSS-10）以及应对方式测评（Simplified Coping Style Questionnaire，SCSQ）等。

1. 认知和情绪觉察测评

针对以下的每个题目，选择最符合你情况的一项。注意：这些问题没有对错之分。在选择完成以后，请把你勾选的数值相加得出总分，并填写在后面的"总分"一栏。1＝很少，2＝有时，3＝经常，4＝总是。请勿漏题。

1. 对我来说，在正在做的事情上集中注意力是容易的。	1	2	3	4
2. 我脑子里想的都是未来的事情。	1	2	3	4
3. 我可以忍受痛苦的情绪。	1	2	3	4
4. 我能接受不可以改变的事情。	1	2	3	4
5. 我通常能够细致地描述自己当时的感受。	1	2	3	4
6. 我容易心烦意乱。	1	2	3	4
7. 我脑子里都是过去的事情。	1	2	3	4
8. 我容易沉浸在自己的想法和感受中。	1	2	3	4
9. 我努力去关注自己的想法而不是去评判这些想法。	1	2	3	4
10. 我可以接受自己拥有的想法和感受。	1	2	3	4
11. 我可以将注意力集中在此时此刻。	1	2	3	4
12. 我可以将注意力高度集中在某件事情上很长时间。	1	2	3	4
总分				

计分方法及含义：条目6、7为反向计分（如果正向记分为1、2、3、4，则反向计分为4、3、2、1），总分越高表示认知和情绪觉察能力越好。

2. 心理弹性测评

下表是用于评估心理弹性水平的自我评定量表。请根据过去一个月的情况，针对下面每个阐述，选出最符合自己的一项。注意：这些问题没有对错之分。在选择完成以后，请把你勾选的数值相加得出总分，并填写在后面的"总分"一栏。0 = 从来不，1 = 很少，2 = 有时，3 = 经常，4 = 一直如此。请勿漏题。

1. 我能适应变化。	0	1	2	3	4
2. 我有亲密、安全的关系。	0	1	2	3	4
3. 我对自己的成绩感到骄傲。	0	1	2	3	4
4. 我努力工作以达到目标。	0	1	2	3	4
5. 我感觉能掌控自己的生活。	0	1	2	3	4
6. 我有强烈的目的感。	0	1	2	3	4
7. 我能看到事情幽默的一面。	0	1	2	3	4
8. 事情发生总是有原因的。	0	1	2	3	4
9. 我不得不按照预感行事。	0	1	2	3	4
10. 我能处理不快乐的情绪。	0	1	2	3	4
11. 有时，命运能帮忙。	0	1	2	3	4
12. 无论发生什么我都能应付。	0	1	2	3	4
13. 过去的成功让我有信心面对挑战。	0	1	2	3	4
14. 应对压力使我感到有力量。	0	1	2	3	4
15. 我喜欢挑战。	0	1	2	3	4
16. 我能做出不寻常的或艰难的决定。	0	1	2	3	4
17. 我认为自己是个强有力的人。	0	1	2	3	4
18. 当事情看起来没什么希望时，我不会轻易放弃。	0	1	2	3	4

续表

19. 无论结果怎样,我都会尽自己最大努力。	0	1	2	3	4
20. 我能实现自己的目标。	0	1	2	3	4
21. 我不会因失败而气馁。	0	1	2	3	4
22. 经历艰难或疾病后,我往往会很快恢复。	0	1	2	3	4
23. 我知道去哪里寻求帮助。	0	1	2	3	4
24. 在压力下,我能够集中注意力并清晰思考。	0	1	2	3	4
25. 我喜欢在解决问题时起带头作用。	0	1	2	3	4
总分					

计分方法及含义:本测评主要考察五个方面,能力(包含条目3、4、15、17、18、19、20、21);忍受消极情感(包含条目7、9、10、14、16、24、25);接受变化(包含条目1、2、12、13、22);控制(包含条目5、6、23);精神影响(包含条目8、11)。分数越高,表示心理弹性越好。

3. 压力知觉测评

以下问题询问你在过去一个月的一些感受和想法。对于每一个问题,请选出符合自己情况的选项。注意:这些问题没有对错之分。在选择完成以后,请把你勾选的数值相加得出总分,并填写在后面的"总分"一栏。0 = 从无,1 = 几乎没有,2 = 偶尔,3 = 经常,4 = 非常多。请勿漏题。

1. 有多少时间你因为发生意外的事情而感到心烦意乱?	0	1	2	3	4
2. 有多少时间你感到无法掌控生活中重要的事情?	0	1	2	3	4
3. 有多少时间你感到神经紧张或快被压垮了?	0	1	2	3	4
4. 有多少时间你对自己处理个人问题的能力感到有信心?	0	1	2	3	4

续表

5. 有多少时间你感到事情的发展和自己预料的一样？	0	1	2	3	4
6. 有多少时间你发现自己无法应付那些必须去做的事情？	0	1	2	3	4
7. 有多少时间你能够控制自己的愤怒情绪？	0	1	2	3	4
8. 有多少时间你感到处理事情得心应手（事情都在你的控制之中）？	0	1	2	3	4
9. 有多少时间你因为一些超出自己控制能力的事情而感到愤怒？	0	1	2	3	4
10. 有多少时间你感到问题堆积如山，已经无法逾越？	0	1	2	3	4
总分					

计分方法及含义：条目4、5、7、8为反向计分，总分越高表示压力越大。

4. 应对方式测评

以下列出的是当你在生活中遭受挫折打击或遇到困难时可能采取的态度和做法。请你仔细阅读每一项，请选出符合自己情况的选项。注意：这些问题没有对错之分。在选择完成以后，请把你勾选的数值相加得出总分，并填写在后面的"总分"一栏。0＝不采取，1＝偶尔采取，2＝有时采取，3＝经常采取。请勿漏题。

1. 通过工作学习或一些其他活动解脱。	0	1	2	3
2. 与人交谈，倾诉内心烦恼。	0	1	2	3
3. 尽量看到事物好的一面。	0	1	2	3
4. 改变自己的想法，重新发现生活中什么重要。	0	1	2	3
5. 不把问题看得太严重。	0	1	2	3
6. 坚持自己的立场，为自己想得到的去斗争。	0	1	2	3
7. 找出几种不同的解决问题的方法。	0	1	2	3

续表

8. 向亲戚朋友或同学寻求建议。	0	1	2	3
9. 改变原来的一些做法或自己的一些问题。	0	1	2	3
10. 借鉴他人处理类似困难情景的办法。	0	1	2	3
11. 寻求业余爱好，积极参加文体活动。	0	1	2	3
12. 尽量克制自己的失望、悔恨、悲伤和愤怒情绪。	0	1	2	3
13. 试图休息或休假，暂时把问题（烦恼）抛开。	0	1	2	3
14. 通过吸烟、喝酒、服药和吃东西来解除烦恼。	0	1	2	3
15. 认为时间会改变现状，唯一要做的便是等待。	0	1	2	3
16. 试图忘记整个事情。	0	1	2	3
17. 依靠别人解决问题。	0	1	2	3
18. 接受现实，因为没有其他办法。	0	1	2	3
19. 幻想可能会发生某种奇迹来改变现状。	0	1	2	3
20. 自己安慰自己。	0	1	2	3
总分				

计分方法及含义：积极应对包含条目 1～12，反映了遇到压力时采取积极应对方式的特点，分数越高表示特点越明显。消极应对包含条目 13～20，反映了遇到压力时采取消极应对方式的特点，分数越高表示特点越明显。

参考文献

1. Arias, A. J., Steinberg, K., Banga, A., et al.. Systematic Review of the Efficacy of Meditation Techniques as Treatments for Medical Illness. *The Journal of Alternative and Complementary Medicine,* 2006, 12(8): 817–832.

2. Astin, J. A., Shapiro, S. L., Eisenberg, D. M. Mind-Body Medicine: State of the Science, Implications for Practice. *Journal of the Anerican Board of Family Practice,* 2003, 16: 131–147.

3. Wang Fang, Othelia Eun-Kyoung Lee, Fan Feng, et al.. The Effect of Meditative Movement on Sleep Quality: A Systematic Review. *Sleep Medicine Reviews,* 2016, 30: 43–52.

4. Albert Yeung, Lauren E. Slipp, Halsey Niles, et al.. Effectiveness of the Relaxation Response-Based Group Intervention for Treating Depressed Chinese American Immigrants: A Pilot Study.*International Journal of Environmental, Research and Public Health,* 2014,11: 9186–9201.

5. 王芳，[美]赫伯特·本森，[美]格雷格·弗里基奥内等. 用于中国人群的压力管理、心身增弹方案（SMART-C）及其子方案健康睡眠（HS）的编制. 世界睡眠医学杂志，2017,4(2): 72–75.

6. Herbert Benson and Miriam Z. Klipper. *The Relaxation Response(updated and expanded)*. New York: People's Medical Publishing House Harper Collins Publishers Inc.; 2001.

7. Ligia A. Papale, Leslie J. Seltzer, Andy Madrid, et al.. Differentially Methylated Genes in Saliva are Linked to Childhood Stress. *Scientific Reports,* 2018,8: 10785.

8. Epel, E.S., E. H. Blackburn, J. Lin, et al.. Accelerated Telomere Shortening in Response to Life Stress. *Proceedings of the National Academy of Science of the USA.* 2004, 101(49): 17312–17315.

9. Amy F. t. Arnsten. Stress Signalling Pathways That Impair Prefrontal Cortex Structure and Function. *Nature Reviews Neuroscience,*2009, 10: 410–422.

10. AAAS. New research: Increased Stress on Fathers Leads to Brain Development Changes in Offspring, 2018.2.16.

11. Jacobs GD, Benson H, Friedman R.Topographic EEG Mapping of the Relaxation Response. *Biofeedback and Self-Regulation.* 1996,21(2): 121-129.

12. Lazar SW, Bush G, Gollub RL, et al.. Functional Brain Mapping of the Relaxation Response and Meditation. *Neuroreport,*2000, 11(7): 1581-1585.

13. Sara W. Lazar, Catherine E. kerr, Rachel H. Wasserman, et al.. Meditation Experience is Associated with Increased Cortical Thickness. *Neuroreport,*2005, 16(17): 1893-1897.

14. Braden Kuo, Manoj Bha sin, Jolene Jacquart, et al.. Genomic and Clinical Effects Associated with a Relaxation Response Mind-Body Intervention in Patients with Irritable Bowel Syndrome and Inflammatory Bowel Disease. *Plos One,* 2015, 10, e0123861.

15. Kuo B, Bhasin M, Scult MA, et al.. Correction: Genomic and Clinical Effects Associated with a Relaxation Response Mind-Body Intervention in Patients with Irritable Bowel Syndrome and Inflammatory Bowel Disease. *Plos One,*2017,12(2): e0172872.

16. McEwen, B. S.. 1998. Protective and Damaging Effects of Stress Mediators. *New England Joural of Medicine.*

17. Danese A., McEwen, B. S.. Adverse Childhood Experiences, Allostasis, Allostatic Load, and Agerelated Disease. *Physiology & Behavior,* 2012, 106(1): 29-39.

18. Gregoryl. Fricchione, Ana Ivkovic and Albert S. Yeung. *The Science of Stress.* Chicago and London: The University of Chicago Press; 2016.

19. Jon Kabat Zinn. *Mindfulness for Beginners: Reclaiming the Present Moment-and Your Life (Reprint).* Louisville:Sounds True Inc.; 2016.

20. 王芳，冯帆，[美]约翰·丹尼哲等. 本土化压力管理与心身增弹训练（SMART-C）对提升教师心理弹性与睡眠质量的作用研究. 世界睡眠医学杂志, 2018,5(7): 808-812.

21. Flyse R. Park, Peg Baim, Leslee Kagan. *Stress Management and Resiliency Training the Relaxation Response Resiliency Program(3RP) Provider Workbook.* Boston: The General Hospital Corporation; 2015.

22. Barbara Fredrickson. *Positivity: Groundbreaking Research Reveals How to Embrace the Hidden Strength of Positive Emotions, Overcome Negativity, and Thrive.* New York: Random House, Inc.; 2009.

关于 SMART 压力管理

哈佛大学 SMART 压力管理是哈佛大学医学院麻省总医院本森亨利心身医学研究所（BHI）四十余年来在心身医学领域的临床实践和科学研究的成果。SMART 压力管理为人们提供了一套切实有效的、针对压力和情绪进行管理的系统干预方法，旨在提高人们的压力应对能力，更好地调节情绪，从而增加心身弹性，保持心身健康。

BHI 由哈佛医学院赫伯特·本森教授创立，SMART 压力管理团队的成员中有临床医学专家，也有科学家，其专业背景涉及心身医学、脑科学、基因科学、心理学等。

SMART 压力管理以赫伯特·本森教授在心身医学界里程碑式的贡献——RR 为基础，整套内容以教授压力的觉察方法（压力测评等）、RR 训练和生活中的适应性策略等为主。与其他压力管理体系或者方法相比，SMART 更像是一个百宝箱，不拘泥于一种方法，而是以能够诱发 RR 状态为根本，融合了多种方法。SMART 压力管理以心身疗法为主，同时纳入正念、禅修、认知行为疗法、积极心理学、行为疗法等方法体系中的相关内容，形成了一整套独特、完整、系统的内容，具备普适性和灵活性。每个人都可以从中找到适合自己的调节方法，甚至可以在 SMART 的指导下开发出属于自己的方法。

  为使SMART压力管理更适合中国人群,作者以其中医学和睡眠医学专业背景为SMART压力管理注入了新鲜的知识和内容,将其本土化为SMART-C压力管理,提出了六大核心模块,即觉察压力、认知提升、释放情绪、唤醒激情、关注当下和整合工作生活,使结构更加清晰,便于大众学习和了解。

哈佛大学SMART压力管理团队

与赫伯特·本森教授和乔·卡巴金教授合影

与戴维·H.巴洛教授合影

与罗伯特·沃丁格教授合影

SMART培训师国际团队